hana式袋分けファイル家計簿 実践編

ずぼら主婦でもカンタン!

毎月+1万円貯まる家計術

hana 著

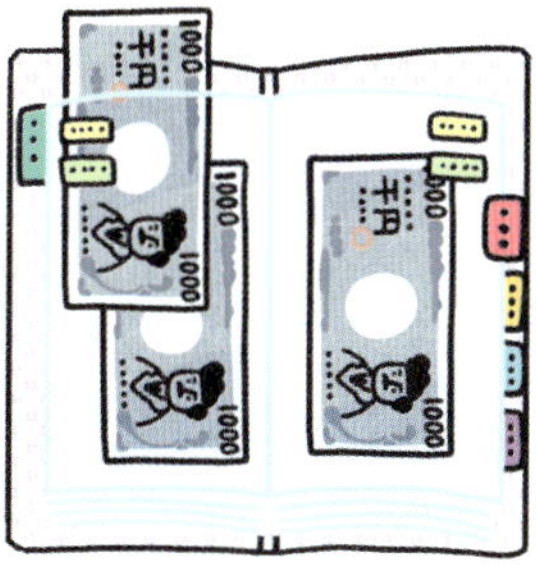

KANZEN

はじめに

昨年10月に刊行させていただいた前作『ずぼら主婦でもお金が貯まる！　ｈａｎａ式袋分けファイル家計簿』の読者から、「カードの引き落とし日が怖くなくなりました！」「税金の支払いが待ち遠しい」などの声をいただき、とてもうれしいです。

「キャッシュレス時代の今、現金を袋に入れて家計管理するなんて……」と思うかもしれませんが、袋分けは、「お金は自分の幸せのために使うもの」だということを思い出す魔法の力があります。

私は彼との結婚を収入面（当時の彼は、低所得の契約社員でボーナスなし）で親に反対されてから、10年以上、節約貯金術を試してきました。「お金がない」と思いながらの家計管理は楽しさのかけらもなく、今思い返してもつらかったです。低収入だとしても、

1回きりの人生をもっとお金に振り回されずに欲張りに生きたい、そんな思いからこの家計簿は生まれました。

前作では袋分けファイルの全体像について解説しました。もっと詳しく教えてほしいというご要望にお答えして、第2弾となる本書では、それぞれのご家庭に合った家計設計ができるよう実践編として書かせていただきました。「袋分けファイル家計簿」は、ずぼらだけど心配症、そんな私が救われた唯一の方法です。

前回書ききれなかったコツや工夫、なぜ大雑把なのにお金が貯まるのか、そのヒミツもたっぷり書いてあります。私のように家計管理でつらい思いをしている方のお手元に届くことを心から願っています。

hana's Profile

名前：	hana（主婦ブロガー／31歳）
夫：	転職して正社員に（31歳）
子ども：	6歳、4歳、2歳
好きなもの：	抹茶・ミルクティー、文房具
好きな言葉：	私も正解、あなたも正解(^^)
家計簿歴：	12年目（2007年の就職を機にスタート）
袋分けファイル家計簿歴：	5年
貯金額：	831万4,252円（2018年10月1日現在）

私が袋分けファイル家計簿をはじめたワケ

きっかけは第二子を出産した際、乳幼児のワンオペ育児で目が回るほど忙しく、このまま同じ家計管理を続けるのは体力的にも精神的にも難しかったからです。これは何費？　レシートはどこだっけ？　家計簿と通帳の数円の誤差の原因は何？　と短い自分の時間が家計簿作業で埋め尽くされていました。そこで、どうせ節約しなければいけないなら、楽しくやろうと決意しました。

適当ではなく家族のためにしっかり家計管理したい、低収入だから人の何倍も努力しないといけないなど、「ちゃんとやらなきゃ！」という気持ちが強かったのですが、予算立てで思う存分、家計の計画を立てているので日々のやりくりは罪悪感なく、手抜きができるように。袋分けファイル家計簿に切り替えてからは、集計が月5分程度なのに5年で約712万円も貯金が増え、私自身もうれしい驚きでいっぱいです。

hana's 貯金額推移表

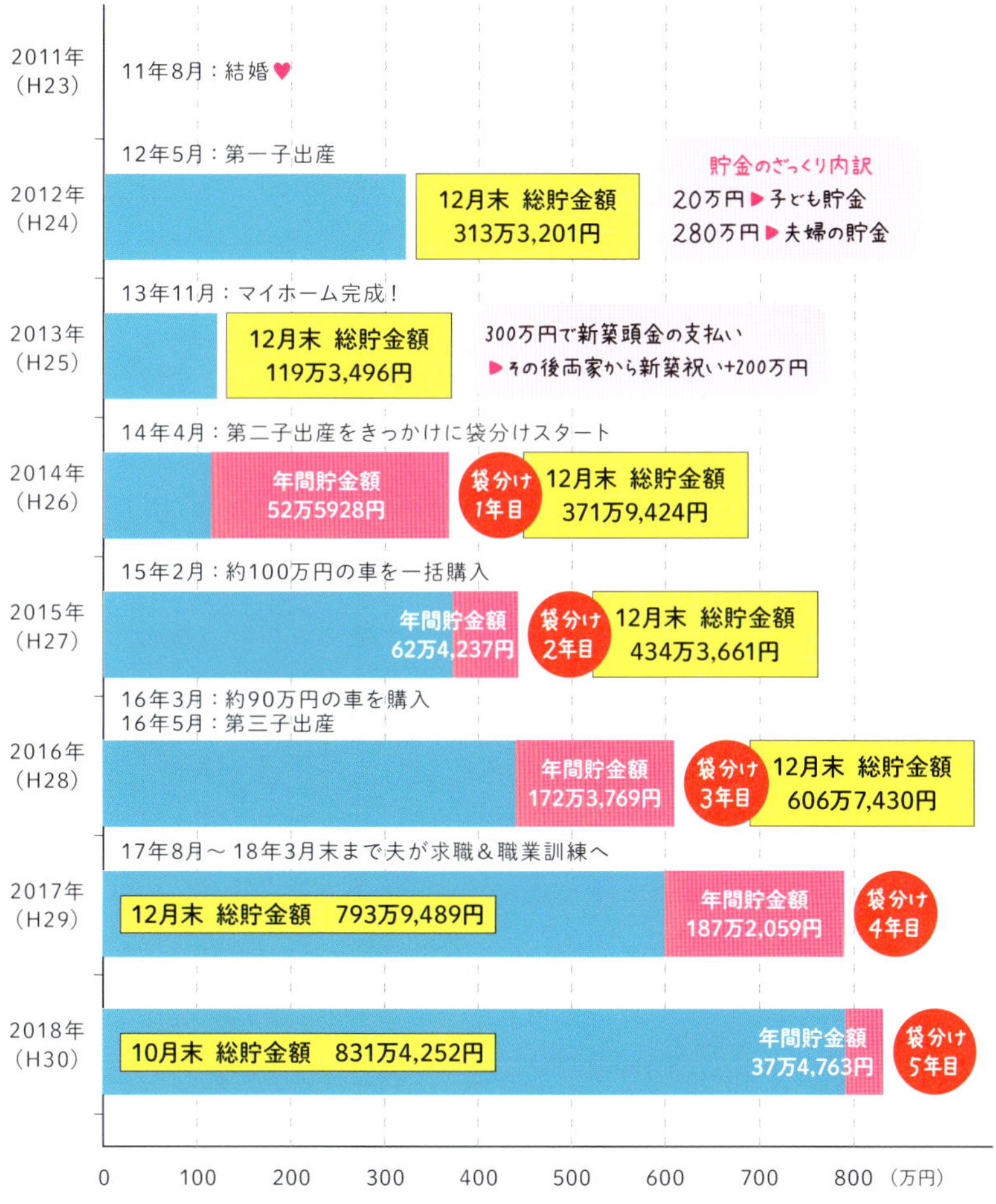

	2014年	2015年	2016年	2017年	2018年
夫の年収	254万円	270万円	300万円	200万円	100万円（9月末時点）
hanaの年収	30万円	240万円	380万円	400万円	250万円（9月末時点）

どんな人でもお金が貯まる！
hana式袋分けファイル家計簿のココがスゴイ!!

1. 1年を通して予算を立てるので、お金の使い道が明確！
いつ、いくら使うかが分かり、迷いがなくなる

2. 袋分けは、現金がなくならないように使うだけ。
現金がなくなれば予算オーバーだから、
使いすぎ防止に役立つ！

3. 1カ月に1回、まとめて現金管理分を下ろしてくるので、
「こんなに使える！」というワクワク感が
リアルに感じられる

4. 予算内であれば何を買ってもOKなので、
レシートは全部捨ててOK！　財布もスッキリ！

5. 使っていいお金をきちんと確保しておくので、
お金を使う罪悪感は一切なし！

6. 家計が苦しくなると削られやすい夢や楽しみのための費用を、あえて袋分け項目にすることで、
節約ストレスとは無縁に！

Great!

たったこれだけでOK！
必要なのは4枚のシートとファイルだけ！

1 現状を把握して、予算を立てる ▶ 予算立てシート

年1回

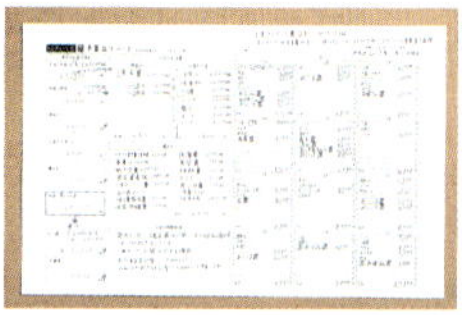

予算立てシート

各シートはPart5に
コピーして使える
テンプレートあり！

2 給料日～月末までに現金管理分のお金を下ろしてきて、
袋分け ▶ 袋分け管理シート

月1回

袋分け管理シート

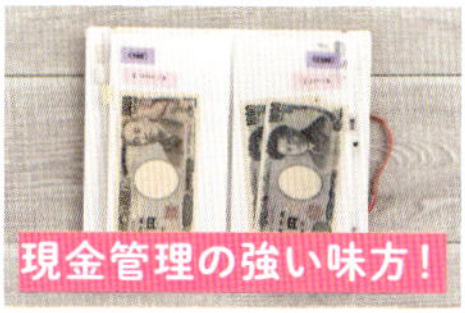

袋分けファイル

3 毎月1日に前月の貯金額を
記入する ▶ 貯金簿

月1回

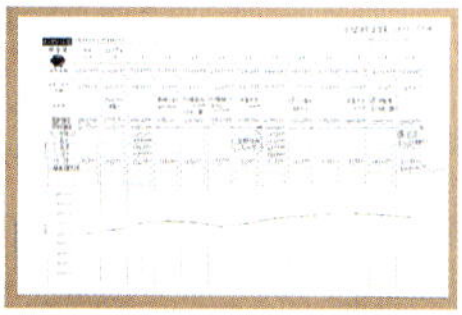

貯金簿

4 毎月、
②と③をくり返す

月1回

5 年はじめに昨年末の貯金額を転記するだけ ▶ 人生家計簿

年1回

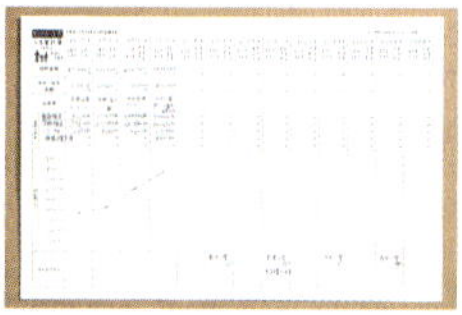

人生家計簿

『ずぼら主婦でもお金が貯まる！ hana式袋分けファイル家計簿』の
読者に聞いた

「やってみてココがよかった！」

実は、わが家は年収300万円以下でボーナスなし。
2年前の結婚以来、毎日家計簿をつけていましたが
ずっ～と赤字家計でした。
でも、hanaさんの本を読んでから
少しずつ貯金ができるように！
しかも、月1回5分もかからない家計管理で！
今までの家計簿は何だったのでしょう💧
無理して節約しているわけではないのに、
しっかり貯金できるなんて本当に夢のようです♥
貯金できなくて困っている人は
ぜひ読んでみてください！
（神奈川県／リナさん／30代）

家計簿は1週間も続いたことのない大雑把な私でももう半年も続いています★
（栃木県／ゆ～こさん／29歳）

苦行だった家計管理がウソのように楽しいです♪
（熊本県／Y・Nさん／30歳）

ちまちまと節約してお金を貯めるのではなく未来の何に使うかを計画して賢くお金を貯めることができます。低所得でも無理なくできて心にゆとりさえ生まれる家計管理は目からウロコです！
（埼玉県／もっちーさん／30代）

hanaさんの袋分けをはじめて、
いつもカツカツだった家計管理が
右肩上がりで貯金できています！
苦手でしかなかった家計管理が
今では楽しんでできるように！
hanaさんの本との出会いで
こんなに変わるなんてビックリです！
（千葉県／香菜子さん／30代）

結婚をきっかけに
家計簿をつけはじめましたが、
夫はあればあるだけ使ってしまうタイプで
独身時代の貯金は減るばかりでした。
それがhanaさんの家計管理術のおかげで
夫も協力的になり赤字から黒字に！
感謝しかありません！
（長野県／ANDOさん／30代）

実践している人たちの
リアルな声もあって
「よし！　私も！」と
やる気が出てきます！

（東京都／F本I子さん／24歳）

おかげさまで
急な出費に
冷や汗をかくことが
少なくなり
助かっています。
（埼玉県／つっちーさん／38歳）

「袋分けしたお金は自由に使う」
というだけですが、
これだけで劇的に
家計は変わっていきます。
節約効果が長続きする家計管理。
袋分け管理は、その王道だと思う。
（大阪府／おさいふプラス ジンさん／37歳）

これでバッチリ！本書の使い方

Step 1　まずはいくら貯めたい？
自分に見合った貯金目標を立てよう！

多ければいいというわけではない目標貯金額。無理なく確実に貯金できる金額を割り出しましょう。さらに、hana式袋分けファイル家計簿のお金が貯まる仕組みを紹介。

→Part1へ

Step 2　さぁはじめよう！
はじめに悩みやすい予算立てを徹底解説！

赤字になってしまう、支出が多すぎてげんなり……など、最初につまづきやすい予算立て。そこで、実践する順番に予算立てをわかりやすく紹介します。

→Part2へ

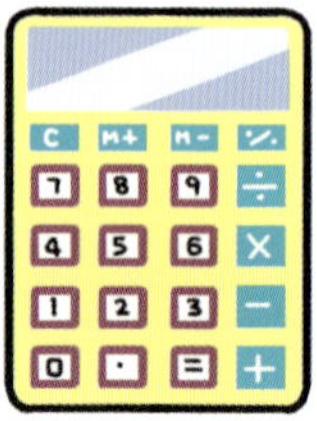

Step 3　ほかの人はどうやってるの？
モニターの実例を確認！

実際に家計管理に苦手意識のあるモニター3名が、hana式袋分けファイル家計簿にチャレンジ！　そのビフォーアフターを参考に、自分だったら？と考えよう。

→Part3へ

Step 4 こんなときはどうすれば？ Q&A集で問題解決を

いざ実際にhana式袋分けファイル家計簿をはじめると出てくる素朴な疑問。よりスムーズに袋分けで家計管理ができるように、それらの疑問にしっかりお答えします。

→Part4へ

How to use

Step 5 実践に必要な各シートはココでゲット！

hana式袋分けファイル家計簿に必要なテンプレートを集めてあります。A4用紙に140％に拡大コピーして使ってください。

→Part5へ

hana式袋分けファイル家計簿の概要は？

hana式袋分けファイル家計簿の全体の流れが分かる第1弾本『ずぼら主婦でもお金が貯まる！ hana式袋分けファイル家計簿』（カンゼン発行）を合わせて読むのがおすすめ！

もくじ

Part 2

Part 3

Part 1

赤字から脱出！
自分に合った貯金目標を立てよう！

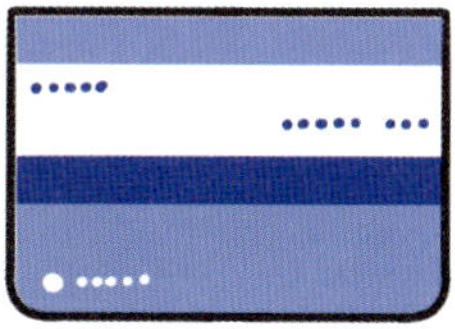

実現可能な年間貯金額を決めよう！

「年間で100万円を貯める方法」など、「100万円」という数字を題材にした節約貯金の本や雑誌の特集をよく見かけます。「ストレスなく100万円貯めました」という文章を見ると、なんだかカンタンそうに思えます。でも現実はそううまくいきません。

年間100万円を貯める最大のコツはただ一つ。「月々いくら貯めればいいのか」を逆算してみることです。ボーナスなしの場合は毎月約8万4000円、ボーナスから50万円貯金するなら毎月約4万2000円貯金すると確実に1年で100万円を貯めることができます。ただし、この数字が厳しい場合は、目標額をもう一度考え直してみましょう。

自分に合っていない大きな貯金目標は早い段階で挫折してしまい、「わたしはやりくり下手なんだ」と苦手意識が芽生えやすいです。一度苦手意識をもってしまうと、家計簿も節約も修行のようにつらく感じられます。

「年間貯金目標額」は、自分を責める家計管理になるか、ワクワクする家計管理になるか、明暗を分ける大事な作業。淡々と家計管理をこなせる方はいいですが、貯金額で一喜一憂してしまう方は、ワクワクを原材料に節約貯金できるように工夫しましょう！

20～21ページに積立額&貯金額の早見表を作りました。貯金することでどんな楽しい未来が待っているか想像してみてくださいね。

その貯金目標、大丈夫？

理想は……

でも現実は……

ボーナスなし	目標金額 100万円			÷	12カ月	＝	毎月の貯金額 8万3,333.33円
ボーナスあり	目標金額 100万円	-	ボーナス分 50万円	÷	12カ月	＝	毎月の貯金額 4万1,666.66円

毎月いくら積み立てる？　&いくら貯金する？

積立額&貯金額早見表

月々いくら積み立てれば、年間にいくら貯まるのか、早見表で確認。
お金と一緒に実現までの楽しい気持ちも積み立てていくのが
楽しい貯金のポイントです！

積立&貯金額	1年後に増えるお金	
16,000円／月	192,000円	
17,000円／月	204,000円	20万円貯金増！
18,000円／月	216,000円	
19,000円／月	228,000円	
20,000円／月	240,000円	
21,000円／月	252,000円	
22,000円／月	264,000円	
23,000円／月	276,000円	
24,000円／月	288,000円	
25,000円／月	300,000円	30万円貯金増！
26,000円／月	312,000円	
27,000円／月	324,000円	
28,000円／月	336,000円	
29,000円／月	348,000円	
30,000円／月	360,000円	
31,000円／月	372,000円	
32,000円／月	384,000円	
33,000円／月	396,000円	
34,000円／月	408,000円	40万円貯金増！
35,000円／月	420,000円	
36,000円／月	432,000円	
37,000円／月	444,000円	
38,000円／月	456,000円	
39,000円／月	468,000円	

積立&貯金額	1年後に増えるお金	
100円／月	1,200円	
200円／月	2,400円	
300円／月	3,600円	
400円／月	4,800円	
500円／月	6,000円	
600円／月	7,200円	
700円／月	8,400円	
800円／月	9,600円	
900円／月	10,800円	
1,000円／月	12,000円	
2,000円／月	24,000円	
3,000円／月	36,000円	
4,000円／月	48,000円	
5,000円／月	60,000円	
6,000円／月	72,000円	
7,000円／月	84,000円	
8,000円／月	96,000円	
9,000円／月	108,000円	10万円貯金増！
10,000円／月	120,000円	
11,000円／月	132,000円	
12,000円／月	144,000円	
13,000円／月	156,000円	
14,000円／月	168,000円	
15,000円／月	180,000円	

積立&貯金額	1年後に増えるお金	
71,000円／月	852,000円	
72,000円／月	864,000円	
73,000円／月	876,000円	
74,000円／月	888,000円	
75,000円／月	900,000円	90万円貯金増!
76,000円／月	912,000円	
77,000円／月	924,000円	
78,000円／月	936,000円	
79,000円／月	948,000円	
80,000円／月	960,000円	
81,000円／月	972,000円	
82,000円／月	984,000円	
83,000円／月	996,000円	
84,000円／月	1,008,000円	100万円貯金増!
85,000円／月	1,020,000円	
86,000円／月	1,032,000円	
87,000円／月	1,044,000円	
88,000円／月	1,056,000円	
89,000円／月	1,068,000円	
90,000円／月	1,080,000円	
91,000円／月	1,092,000円	
92,000円／月	1,104,000円	110万円貯金増!
93,000円／月	1,116,000円	
94,000円／月	1,128,000円	
95,000円／月	1,140,000円	
96,000円／月	1,152,000円	
97,000円／月	1,164,000円	
98,000円／月	1,176,000円	
99,000円／月	1,188,000円	
100,000円／月	1,200,000円	120万円貯金増!

積立&貯金額	1年後に増えるお金	
40,000円／月	480,000円	
41,000円／月	492,000円	
42,000円／月	504,000円	50万円貯金増!
43,000円／月	516,000円	
44,000円／月	528,000円	
45,000円／月	540,000円	
46,000円／月	552,000円	
47,000円／月	564,000円	
48,000円／月	576,000円	
49,000円／月	588,000円	
50,000円／月	600,000円	60万円貯金増!
51,000円／月	612,000円	
52,000円／月	624,000円	
53,000円／月	636,000円	
54,000円／月	648,000円	
55,000円／月	660,000円	
56,000円／月	672,000円	
57,000円／月	684,000円	
58,000円／月	696,000円	
59,000円／月	708,000円	70万円貯金増!
60,000円／月	720,000円	
61,000円／月	732,000円	
62,000円／月	744,000円	
63,000円／月	756,000円	
64,000円／月	768,000円	
65,000円／月	780,000円	
66,000円／月	792,000円	
67,000円／月	804,000円	80万円貯金増!
68,000円／月	816,000円	
69,000円／月	828,000円	
70,000円／月	840,000円	

まずは過去1年間のお金の動きを知ろう！

貯金は多ければ多いほどいいけれど、大きすぎる貯金目標を立ててしまうのは後々大変そう。「自分に合ったちょうどいい目標額っていくらだろう？」と疑問に思いますよね。

目標貯金額は無理のない範囲で決めることがとても大事ですよとお伝えしましたが、「貯金簿」を使えばとても具体的で現実的に割り出すことができます！「貯金簿」とは、1年間の貯金結果を1枚に書くことができる、hanaの袋分けファイル家計簿で使う大事な4大シートの中の1シートのことです（巻末にテンプレートあり）。

この貯金簿を使って、過去1年分を埋めてみましょう。過去に達成できた自分の貯金結果から、少し節約を頑張れば達成できる金額を貯金目標にすることで、無理な貯金目標かどうか見極めることができます。

大きな貯金目標はやる気が上がりますが、現実を突きつけられると、やる気が下がるのも早いです。階段を1段ずつ登るように確実に達成できそうな目標を立てて、着実に貯金を増やすほうが来年も再来年も続けていく上で気持ちがラク。ハードルが低めの貯金目標なら、達成しやすく、やりくりに対する自信もどんどんついてきます。

早速、左ページを参考に過去1年分の貯金簿を書いてみてください。自分のお金の流れも見えてくるはずです。

過去1年分の貯金簿を作ろう！

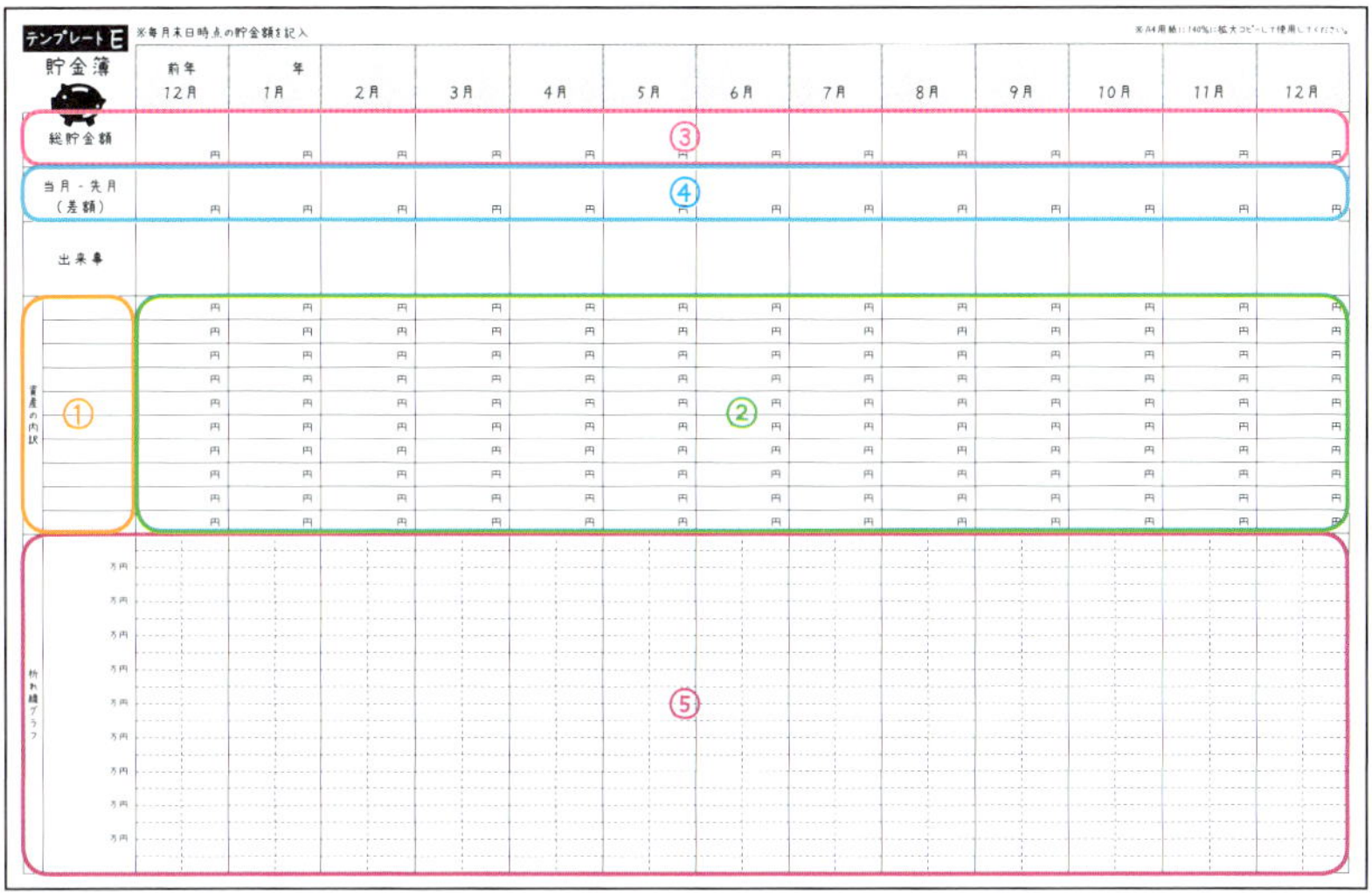

用意するもの

- 記帳を済ませたすべての通帳（ネット銀行の場合はweb明細）
- 巻末の貯金簿のコピー

拡大コピーして使ってね！

やり方

How to

1. ①に口座がある銀行名を書き出す
2. ②に昨年の各月末時点の残高を書き出す
3. ③に②を全部足した金額を書く
4. ④に当月ー先月で差額を出す

これが貯金できた金額！

5. ⑤に③の金額を元にグラフにしてみよう

お金の増減が分かるよ！

前年の平均貯金額＋1万円が目標！

ちょっと頑張れば届く範囲の貯金目標とはどれくらいかというと、最初は昨年の平均貯金額よりも月1万円プラスを目標にするのがおすすめ。理由は大きく次の3つです。

❶月1万円を節約するには、今までより1日333円を節約すれば達成できる。

❷収入が低く節約が厳しい場合は、フリーマーケットやポイントなどで収入UPを目指せば、月1万円プラスは難しい金額ではない。

❸今月達成できなくても、残りの月で取り戻すことも不可能ではない金額。

昨年より月1万円多く貯金するためには、「減らす」ばかりではなく「増やす」ことも視野に入れてみてください。

早速22ページで作った貯金簿を使って、あなたに合った目標貯金額を計算してみましょう。やり方はカンタンで、貯金簿の「当月―先月（差額）」に書かれている金額を1月から12月まですべて足します。合計金額を12で割ると1カ月の平均貯金額が分かります（左ページを参考）。この金額に1万円をプラスしたものがあなたの月の目標貯金額です。

毎月、目標貯金額を変えるより、シンプルに月平均額を目標にしたほうが覚えやすく分かりやすいです。もし平均貯金額プラス1万円が赤字でも、月1万円プラスの貯金で少しずつ家計が改善されているので、問題ありませんよ。

貯金目標額は昨年の平均額に+1万円が◎

昨年より+年間12万円を目標にするのがおすすめ！

昨年の月平均貯金額 + 1万円

去年より1日333円の節約で達成！

基本の計算方法

年間貯金額 ÷ 12カ月 = 月平均貯金額

34万円 ÷ 12カ月 = 2万8,333.33円

月約3万円+1万円＝4万円が月の目標貯金額

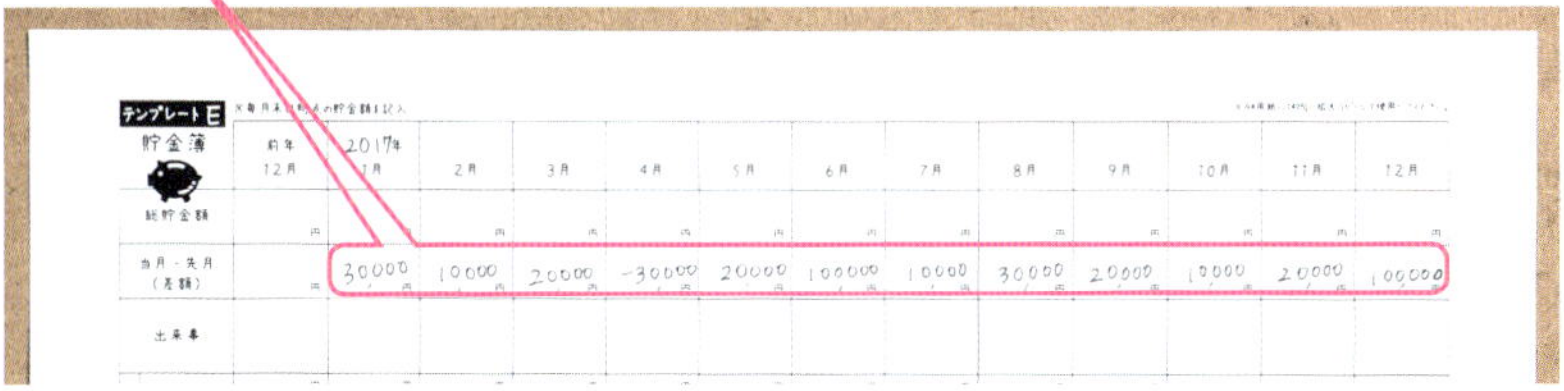

テンプレートE 貯金簿
※毎月末日時点の貯金額を記入

	前年 12月	2017年 1月	2月	3月	4月	5月	6月	7月	8月	9月	10月	11月	12月
総貯金額	円	円	円	円	円	円	円	円	円	円	円	円	円
当月－先月（差額）	円	30000円	10000円	20000円	-30000円	20000円	100000円	10000円	30000円	20000円	10000円	20000円	100000円
出来事													

赤字の場合は？

年間貯金額 ÷ 12カ月 = 月平均貯金額

-24万円 ÷ 12カ月 = -2万円

−2万円+1万円＝−1万円が月の目標額。目標額が例え赤字でも、昨年より改善していればOK！ クリアできる目標であることが大切！

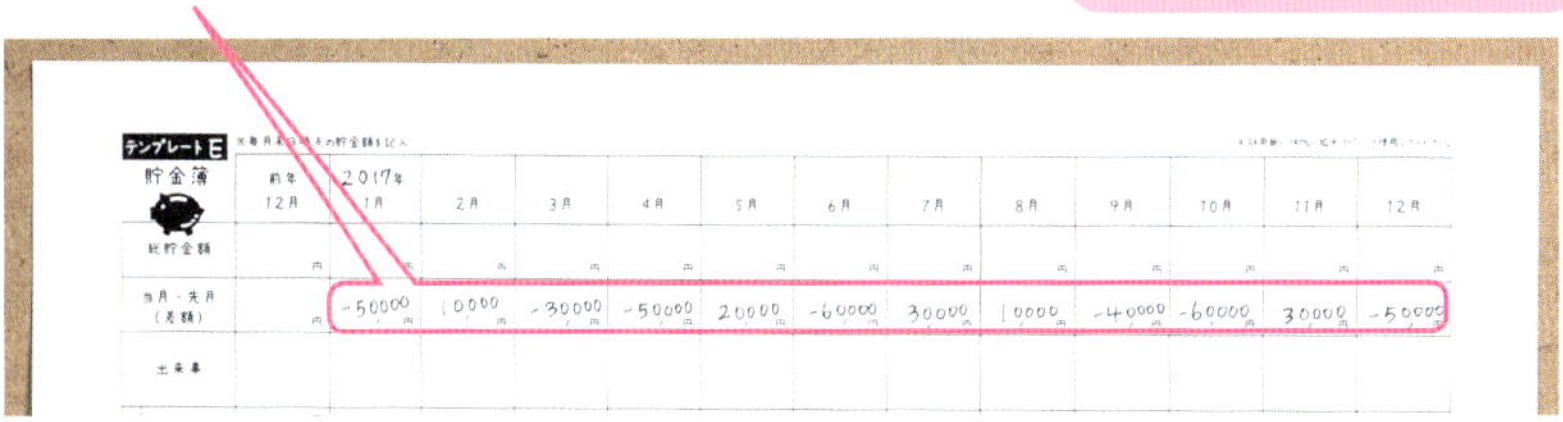

テンプレートE 貯金簿
※毎月末日時点の貯金額を記入

	前年 12月	2017年 1月	2月	3月	4月	5月	6月	7月	8月	9月	10月	11月	12月
総貯金額	円	円	円	円	円	円	円	円	円	円	円	円	円
当月－先月（差額）	円	-50000円	10000円	-30000円	-50000円	20000円	-60000円	30000円	10000円	-40000円	-60000円	30000円	-50000円
出来事													

お金が貯まる仕組み❶

貯金は先取りして確保

私が実践している予算立てや袋分けのやり方は、ちょっと複雑でややこしく感じてしまうかもしれませんが実は、「収入ー支出がプラスなら必ず貯金はできる」というカンタンな法則を忠実に行っているだけです！　収入が入って、支払って、余った分が貯金。家計は単純な足し算と引き算。これが「お金が貯まる法則」のロジックです。

ただ、余った分を貯金といっても、収入が多かったり、支出が少ないご家庭でもない限りなかなか余りません。そこで、収入が入ったら、まず貯金したい金額を確保して、残ったお金を1カ月の生活費として予算を立てると確実に貯金できるようになります。

例えば、収入20万円で毎月2万円貯めたい場合、「収入20万円ー先取り貯金2万円＝今月の生活費18万円」の18万円で生活できるように予算を組みます。

先取り貯金の方法は左に記載した通りいくつかありますが、袋分けファイル家計簿の場合は、❹の「生活分だけを下ろしてその中で生活し、先取り貯金はそのまま口座に貯めていく」方法を活用しています。ATMで月1回生活費を下ろしてきて、それ以上引き出さなければ先取り貯金ができますよ。誰の名義の口座から、夫婦どちらの名義の口座へいくら振り込む……など考えず、必要な分だけ引き出せばいいのでとってもシンプルです。

確実にお金が貯まる仕組みを作ろう！

●お金が貯まらない人の考え方

あまり残らない……

収入 − 支出 ＝ 残ったお金を貯金

●お金が貯まる公式

確実に貯金できる

収入 − 先取り貯金 ＝ 支出（1カ月の予算）

つまり……

給料が入ったら　先取り貯金　残った分で生活

銀行　銀行　やりくり

先取り貯金を習慣にするためには？

1. 貯金用通帳を用意して、毎月そこに先取り貯金を入金する
2. 金融機関の定額自動入金サービスを利用する
3. 定期預金口座を作って自動的に積み立てる
4. 生活分だけを下ろしてその中で生活し、先取り貯金はそのまま口座に貯めていく

お金が貯まる仕組み❷

予算ベースに考えれば家計は安定

「先取り貯金をしましょう！　これでお金が貯まります」だけで終わっている節約・貯金情報は本当に多いです。でも一番難しいのは、残ったお金でどうやって生活するかです。なぜ難しいのかというと、収入は多くの場合1カ月単位ですが、支出は年払い保険料やお祝いごとなど、毎月ではない支出が多いから。こうした支出の性質を押さえておかないとすぐに生活費がオーバーして、先取り貯金を使うハメになります。

支出には大きく分けて「固定費」と「変動費」の2種類があります。特徴は左の表の通りなのですが、もっとカンタンにいうと、固定費は口座から自動で引き落とされるお金、変動費は固定費以外のお金です。

家計簿のほとんどは食費などの変動費に焦点を当て、ムダを探して反省します。そのためか日々の節約は徹底しているのに保険や携帯電話代、年会費など固定費の見直しがあいまいになっている方は多いです。私が1年間の支出をすべて書き出す予算立てをおすすめしているのは、固定費も変動費もすべて見直し対象にピックアップしておくため。

変動費は袋分けでゆる〜く管理します。「袋分け間の貸し借りはＯＫ」に違和感を覚える方もおられますが、先取り貯金さえ守れれば、袋分けの役割達成です。貯金が増えていたらまったく問題なし♪と考えましょう。

確実にお金が貯まる仕組みを作ろう！

変動費を袋分けしよう！

固定費とは……　**毎月一定額かかる支出のこと。**住宅費（家賃・住宅ローン）、水道光熱費（電気・水道・ガス）、通信費、保険料、保育料、教育費など。

▼

銀行口座から毎月引き落とされるものが多い。一度見直すと継続的に節約効果が得られる。

変動費とは……　**毎月金額が変化する支出のこと。**食費、日用品、交際費、娯楽費、冠婚葬祭費、交際費、被服費、医療費など。

▼

金額が決まってないので、集中して頑張るよりも習慣的に意識する必要がある。

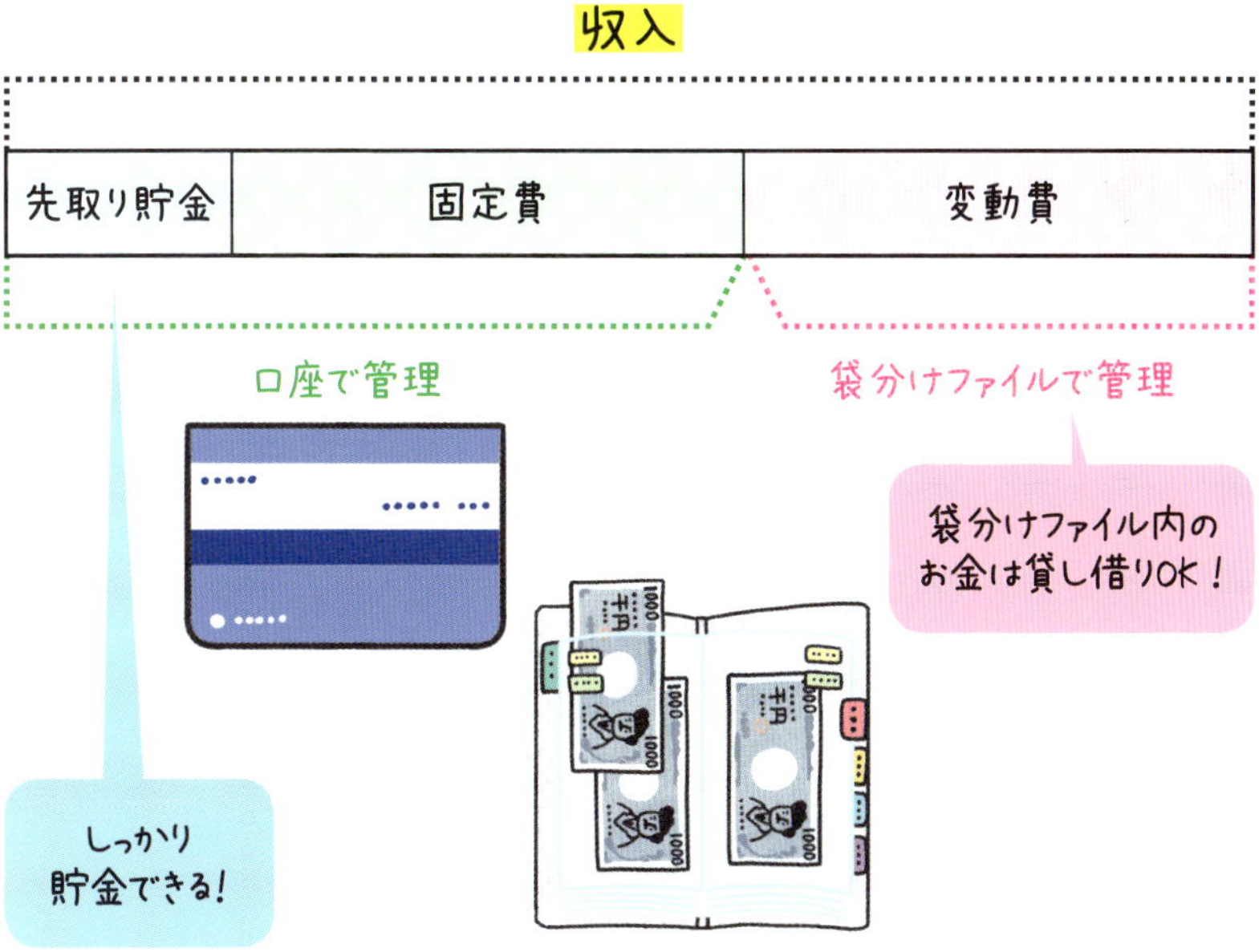
収入
先取り貯金
固定費
変動費
口座で管理
袋分けファイルで管理
袋分けファイル内のお金は貸し借りOK！
しっかり貯金できる！

週予算でしっかりやりくり

袋分けで挫折する方というのはズバリ、食費・日用品・雑費などの生活費を細かく分けすぎています。1回の買い物で全部の項目を買ったら処理に困るのは当然です。

そこで、左のページを参考に週予算を取り入れてみてください。週予算とは、何も特別なことが起こらなかったときの1週間の生活費として予算を管理する方法です。やり方はカンタンで、1日・7日・14日・21日・28日に財布に週予算を入れ、予算がなくならないように暮らすだけ！　財布の中身がなくなれば予算オーバーとすぐ分かるし、1週間程度ならいつの時点で何に使って赤字なのか、原因が書き込まなくても分かります。

なぜ10日おきや30日÷5で6日ごとなど均等にしないのか。それは、大人も子どもも1週間に2回休みというすでに根付いている生活リズムに合わせたほうがスムーズに生活に取り入れることができるからです。

この週予算という方法だとざっくりすぎて何に使ったか分からず不安という方もおられます。しかし、「うちの生活費は毎週約○万円」と自信をもって答えられればお金の管理は十分です。お金が貯まる仕組みを真に理解しているからこそ、家計を記録・集計するという無限にできる作業に見切りをつけ、効果の上がることだけやる。だからズボラな管理でも貯金を達成することができるのです。

魔法の家計管理術「週予算」

週予算のやり方

週予算とは……　週ごとに予算を組む方法のこと。食費や日用品、交際費などの項目別ではなく、1カ月を5週に分けて予算を立ててやりくりする。

1. **1カ月を5週に分け、1週間に使える金額を決める。**
5週目は7日間ないことが多いので少なめに予算を立てるのがコツ。

2. **毎週決まった曜日、もしくは毎月決まった日**（hana家の場合は、1日・7日・14日・21日・28日）**に、財布にお金を補充するだけ。**
余ったお金は小銭貯金などで別に保管（1,000円貯まったら好きな項目にプラス）して、毎週予算内でやりくりする。

hana家の場合（45,000円でやりくり）

1週目	1万円
2週目	1万円
3週目	1万円
4週目	1万円
5週目	5,000円

足りなくなっても、1カ月の予算内なら貸し借りはOK!

Merit

週予算を組むメリット

- レシートは捨ててOK！　週予算内でやりくりできていればいい
- 使うための予算なので、無理して余らせなくていい♥　1円でも多く余らせなきゃという焦りや不安がなくなる
- ファイルの中の現金がなくなれば予算オーバー。　あといくら使えるかも一目瞭然！
- 週ごとに分けているので、いつ、どうして予定が狂ったのかが確認できる

週予算は崩れても大丈夫！

1週間単位で生活費を管理するといっても、「週によって使うお金って違うから、できそうにないかも……」。実は私も最初はそう思っていました。実際、週予算をオーバーすることがいまだにたくさんあります。

だから、週予算は徹底するものではなく「崩れるもの」として考えてください。週予算を立てていれば、予算がオーバーしたときも「じゃあどうしたらいい？」と具体的な改善策がたくさん出てくるのです。

すべては「収入ー先取り貯金＝1カ月の生活費」に収まるように調整できれば貯金できます。そのことさえ分かっていれば、週予算も自由自在なのです。

週予算の金額を増やして、ほかの項目を調整したり（改善案❶）、週単位で管理できないお米や調味料を別予算にしたり（改善案❷）、親と生活費が一緒の場合は、お付き合い費を充実させてもＯＫ（改善案❸）。

予算が崩れたときの調整方法をたくさん知っていれば、自分の考えや好きなもの、ライフスタイルに合わせてそのときの状況に合った予算に変更ができます。

限られた収入の中でいかに自分のやりたいことをやれるかという予算調整ゲームをしている、と考えると家計簿や節約は我慢や単なる作業ではなくなり、自分や家族の考えにももっと興味が出てきますよ。

超カンタン！週予算の立て直し方

初期設定	改善案①	改善案②	改善案③
先取り貯金	先取り貯金	先取り貯金	先取り貯金
週予算	週予算	週予算	週予算
		お米代	お付き合い費
袋分け	袋分け	袋分け	袋分け
袋分け	袋分け	袋分け	袋分け
袋分け	袋分け	袋分け	袋分け
袋分け	袋分け	袋分け	袋分け
口座引き落とし	口座引き落とし	口座引き落とし	口座引き落とし

収入

Plan

改善案① 週予算を増やす

週予算が9000円で足りない場合、使用頻度の低いほかの袋分け項目から、例えば2000円など足りない分を移動させて予算をUP。**袋分けファイル内で調整するだけなので、カンタン！**

改善案② 1回の購入金額が大きいものは予算を独立させる

週予算のうち、お米やお酒、おむつのまとめ買い、外食費、ガソリン代など、**1回にかかる金額が大きいものは週予算から独立。**月単位でやりくりする。

改善案③ 使いすぎる日を外して週予算を組む

週予算の基本は、特別なことがない普通の日の予算ということ。お出かけ費や交際費などが多い人は、**お付き合い費として別に予算を積み立てておく**のがおすすめ。

前年が赤字の場合は？

家計管理で「赤字の対処方法」について、具体的に言及しているお金の専門家はどのくらいいるでしょうか？

袋分けファイル家計簿では、具体的な赤字の対処法を日々の家計管理の仕組みに組み込んでいます。具体的には、予備費から出す（❶）、袋分けの積み立てから出す（❷）、毎月赤字の項目は予算を見直して、赤字のサイクルを断ち切る（❸）、それでも赤字の場合は、貯金から出します（❹）。

赤字というとなんだか浪費やムダ遣いが原因というような悪いイメージがありますが、いい赤字（左ページ参照）というのもあるので、その場合は気にしないでください。

とはいえ、節約を頑張ったのに赤字になるとやっぱり面白くないですよね。そこで、赤字になっても引き続き楽しく家計管理できるように、予算立てシートで赤字を見越して、できる範囲で多めに予備費や積み立てておけば安心です。

今までムダ遣いをしていたという場合は、今年は前年よりも改善。今月赤字でも、来月黒字になるように改善していきましょう。家計管理は計画→実践→検証→改善、この繰り返しです。予算立てシートは、お金を使った後に後悔しないために、お金を使う前にお金の使い方を考えるためのツールですから、ぜひフル活用してくださいね。

赤字になっても貯金を減らさない仕組み

袋分けで、赤字でも選択肢が増える！

1. 予備費から捻出（緊急の場合）
2. 袋分けの積み立てから補てん
3. 毎月補てんするほどかかる場合は、予算の金額修正
4. 予算を変えられない場合は、貯金が減るのを覚悟

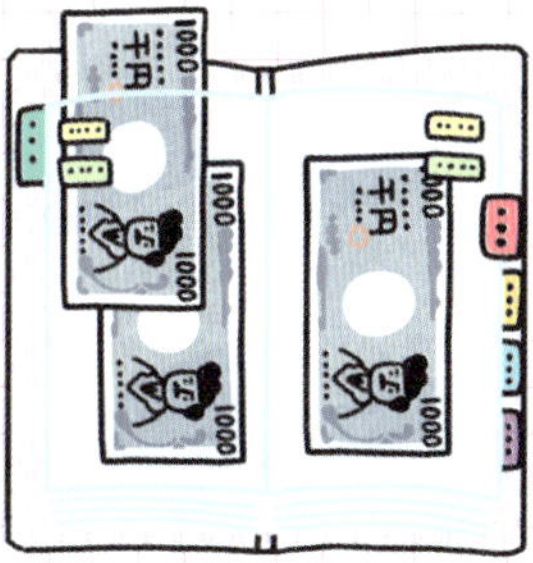

前年よりも赤字額を減らしていくことがポイント！

事前に予算を袋分けして、そこから使えば問題なし！

気にしなくてもいい赤字の理由

- 自分の体調を整えるため
- 本当に欲しいもの・行きたい場所のため
- 生活の不便をなくすため
- 苦手・不得意なことをしないため

Reason

自分の幸せのために使うのが、一番いいお金の使い方。浪費やムダ遣いではなく、上記のような理由なら気にしなくて大丈夫。貯める・使うのバランスを見ながら、貯金を崩すことに罪悪感を持ちすぎないことも大事！

予算オーバーしても翌月まで引きずらないこと

「先月、予算をオーバーした分、今月の予算を少なくした方がいいですか？」というご質問をいただくことがあります。

計算上は、今月と先月で赤字を調整すれば元通りになりますが、1カ月の単位を超えて赤字のしわ寄せが家計に影響してくると、予算内で精いっぱい楽しもうというよりも、赤字を取り戻すためにお金を使わないように我慢しようと気持ちが強くなります。赤字の対処方法は前ページでも解説した通り、1カ月の間でできる限りの対処をします。なので、そこまで努力した上での赤字なら、仕方がないと割り切ってください。

例えば、先月の赤字分の1万円を来月で取り戻そうとすると、今すぐに予算を調整できるのは食費や日用品です。1万円を5週で割ると1週間に2000円分の週予算を減らすことになります。それには、かなり切り詰めなければなりません。それが1カ月続くと考えただけでも少し憂うつです……。

少額で無理なく調整できそうな範囲の赤字は翌月に調整してもいいですが、一時的な赤字はその月で処理できるように努力しましょう。そして、次に同じような赤字があった場合の対処法を考えたら、その赤字は忘れてOK。赤字があってもなくても、固定費の見直しなど、継続的に支出ダウンや、収入アップを意識することで家計改善を心がけて。

赤字を翌月に繰り越さない考え方

赤字を翌月に繰り越すと……？

先月の赤字分を今月で補てん

▼

今月苦しくて、また赤字……

▼

翌月はもっと苦しい

▼

補てんのくり返しで、
マイナスのスパイラルが続く

赤字を繰り越さない考え方だと……

先月の赤字は先月の分として割り切る

▼

今月は気持ちを新たにスタート。
先月よりも工夫する

▼

1カ月単位の予算のバランスが取れはじめる

▼

毎月コンスタントに予算をクリアできるようになっていく

週予算の節約で気をつけること

「節約したい！」と思ったときに一番とりかかりやすいのは食費ですよね。まとめ買いや冷凍ワザ、食費月1万円レシピなどの特集はとても魅力的です。でも、実際にやってみると、好きな食事よりもお金を気にした食事ではおいしくありませんし、忙しいのにまとめて作るなどライフサイクルに合わない場合、気持ちがついていきません。

節約の手法は計算やデータなどを使って理論的に説明できますが、気持ちの部分は理屈では解決できないのです。

お金の出入りが激しい食費や日用品費は、目につきやすいので節約の対象になりやすいです。でも、本当に節約すべきものは、「目立つ支出ではなく、興味のない支出」。例えば、うっかり解約し忘れている月額課金サービスや携帯電話の不要なオプション、使ってないクレジットカードの年会費、行ってないスポーツジムなど、忘れている支出です。

食費は袋分けファイル家計簿では週予算にあたります。週予算が大幅に減ってしまうと、明らかに今までより買えるもの、行ける場所が減ってしまい生活レベルが下がった気がします。週予算は大幅に減らさず、過去の通帳やクレジットカード明細を見て、忘れている支出がないかチェックしてみましょう。忘れているものなら精神的なダメージや実感なく節約できるというわけです。

大幅に週予算を節約するときの注意点

週予算をいきなり減らす

もっと貯金したいから、
週予算をもっと減らそう！

今までの週予算　1万5,000円

▼

新しい週予算　1万円

▼

あれ……？　なんかギリギリすぎて
毎日不安……。
それに、買えるものが減って、
楽しくない……

**予算を下げるということは、
今までよりも買えるもの・行けるところが減るということ**

自分が主役の節約の基本

Basic

節約のポイント

好きなこと

（例／外食費）

▶できるだけ予算をとれるようにする

興味のない項目

（例／携帯電話代、スポーツジム代など）

▶とことん節約してみよう！

バランスが大切！

今、払っている固定費を見直そう！

「固定費から見直そう」というのは、節約・貯金の王道です。自分が日々節約を意識して払う週予算とは違って、契約した会社が契約したルールに従い自動的に銀行口座から引かれていくお金は、自分の手や目を通らずに減っているのでうっかり見逃してしまいがちです。今はWeb明細を採用している会社が多いので、明細を自分で見ようとしない限り内訳は分かりません。

見えにくく、忘れやすい支出こそ、しっかり見直してごっそりムダを省きましょう！毎月500円ずつでも自動的に節約できるのが固定費節約の最大の魅力です。予算立てシートを見れば、この固定費のムダを確実につぶしていけます。やり方は予算立てシートの口座引き落としに一覧化されている項目を見直すだけ！詳しい方法は左のページを参考にしてください。

固定費の節約は効果があるとはいえ、ほかの商品との比較や、契約変更手続きなどに時間がかかる上、常に新サービスが登場しているので終わりがありません。「今月は格安SIMについて調べよう」などと、1項目ずつに絞って調べ、着実に見直していくようにしましょう。テーマを決めないと、結局ただのネットサーフィンになりがちです。よく調べもせずに契約すると手数料などで損することもあるので、じっくり調べましょう。

固定費の見直しポイント

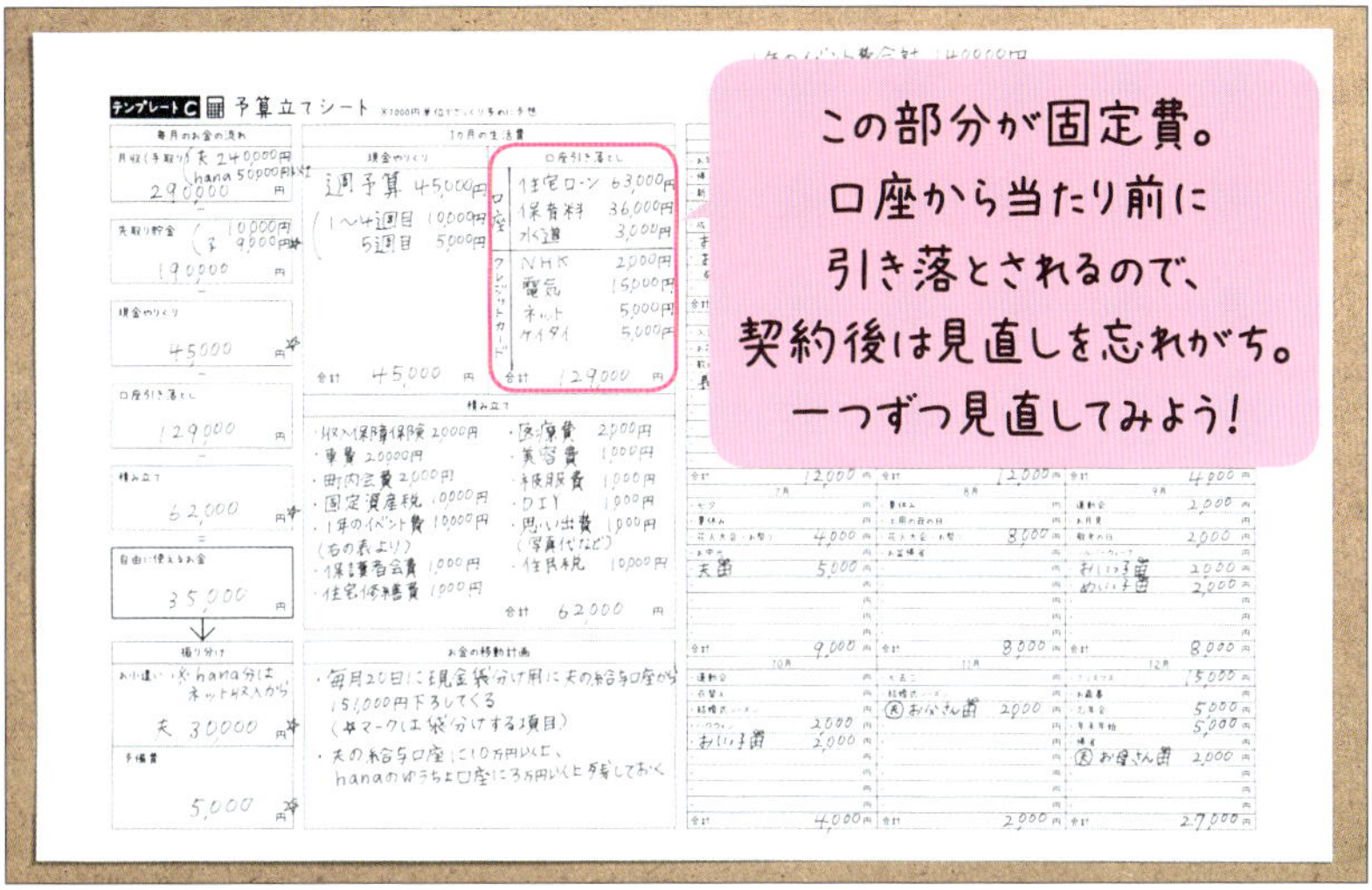
この部分が固定費。
口座から当たり前に
引き落とされるので、
契約後は見直しを忘れがち。
一つずつ見直してみよう！

一番簡単な見直し方法

Point

① 項目を一つずつ検索してみよう！

- 「○○ 節約」で検索して基礎知識を得よう！
- 公式サイトを検索（お得なポイントサービスなどを確認）
- 「○○ 代用」で検索して、ほかのお得な方法を調べる

保険の見直しなら、いる派・いらない派の両方の意見を見て、自分の考えを持ってみよう。また、家族はどんな考えか話し合ってみることも大事

② 毎月の請求明細や契約書を見直そう

- 請求明細……携帯電話代の請求額だけでなく、料金の内訳をチェック
- 契約書……保険やローン、ネットなど

不要なオプションはないか、契約ごとなくせないか、もっとほかにいいサービスはないかを確認しよう！

支払い方法で得しよう！

今まで固定費について解説してきました。固定費の特性は分かったでしょうか？　自信がない方は、28ページに戻って読んでみてくださいね。

固定費はクレジットカード払いにする。これが一番ラクで確実な節約方法です！　これが言いたくてここまで詳しく説明してきました。変動費をクレジットカード払いにすると使いすぎてしまう心配がありますし、予算の管理も面倒です。でも、固定費を最低限まで節約してクレジットカード払いにしてしまえば、現金で支払うよりクレジットカードのポイント分得できます。給与が増えにくい今、クレジットカードの還元ポイントも収入とみなして考えてみましょう。

クレジットカード選びで大切なのは、還元ポイントの多さではなく、「ポイントの使い道を先に考えておくこと」です。使わないポイントはないのと同じ。また、有効期限のお知らせが届いてから慌てて買うものをひねり出すのは本末転倒です。何のために貯めるのか、ポイントの利用計画は大切です。

また、クレジットカードの支払い方法ですが、リボ払いや3回以上の分割払いは手数料がかかります。還元ポイント率は1％程度なのに、手数料や延滞料金は15％程度と高いので、固定費を一括払いする以外は多用しないほうが賢明です。

固定費のクレジットカード払いに注目！

固定費はクレジットカード払いにしよう！

クレジットカード払いは、毎月ほぼ同じ値段の固定費だけなら、使いすぎる心配がなく、ポイントも貯まるのでお得！

1. 固定費の金額を最低額で固定して予算立てする
2. 年払いで安くなるかをチェック
3. クレジットカード払いにできないかをチェック
4. 支払うカードは分散させず、1－2枚に絞ってポイントを貯めやすくする

例えば…… 月5万円をカード払いに
→還元率1%なら月500ポイントが貯まる

クレジットカード選びのポイント

クレジットカード選びは、貯まったポイントの「使い道」を先に決めよう！　いくらいい還元率でも、使わなかったら「ないのと同じ」！

× 還元率で選ぶ

○ ポイントの使い道がある（食費などに使えれば家計の足しになる）

注意　リボ払い、分割払いは手数料が高いのでNG！
クレジットカードは一括払いが賢明！

Point

お金の置き場所は常に意識しよう！

十分な貯金があるのに、利息が高いカードローンを使っていませんか？　奨学金の繰り上げ返済は検討していますか？

自信がない場合は、家計の全体像が分かる現状見える化シートや貯金簿を使って、お金はどこにいくら置いておけばいいのかバランスを考えてみましょう！（左ページ参照）

「定期預金は低金利だから、投資しよう」という情報を目にすることが増えました。お金の置き場所は投資がいいのでしょうか？　よく見ると投資商品には必ず小さく「余裕資産で自己責任で行いましょう」と書かれています。余裕資産っていくら？と思うかもしれませんが、あなたにこれから教育費がかかってくる子どもがいるか、勤務先はこの先も安泰か、転職は考えているか、住宅は賃貸かローンか、車が必要な地域かなど、その人が歩みたい未来によって「余裕資金の金額」は違ってきます。行動は大事ですし、やってみないと分からないとはいえ、取らなくてもいいリスクをあえて取る必要はありません。

わが家は夫婦で「子どもとの時間を大切にしたい」という意見なので、教育費とは別に今自由に使える普通預金を増やすように心がけています。節約も投資も結果が出るまでに時間がかかります。時間は元には戻せないので、貯めている間の時間を我慢や無視で通り過ぎないようにしたいですね！

貯まったお金の預け先を考えよう！

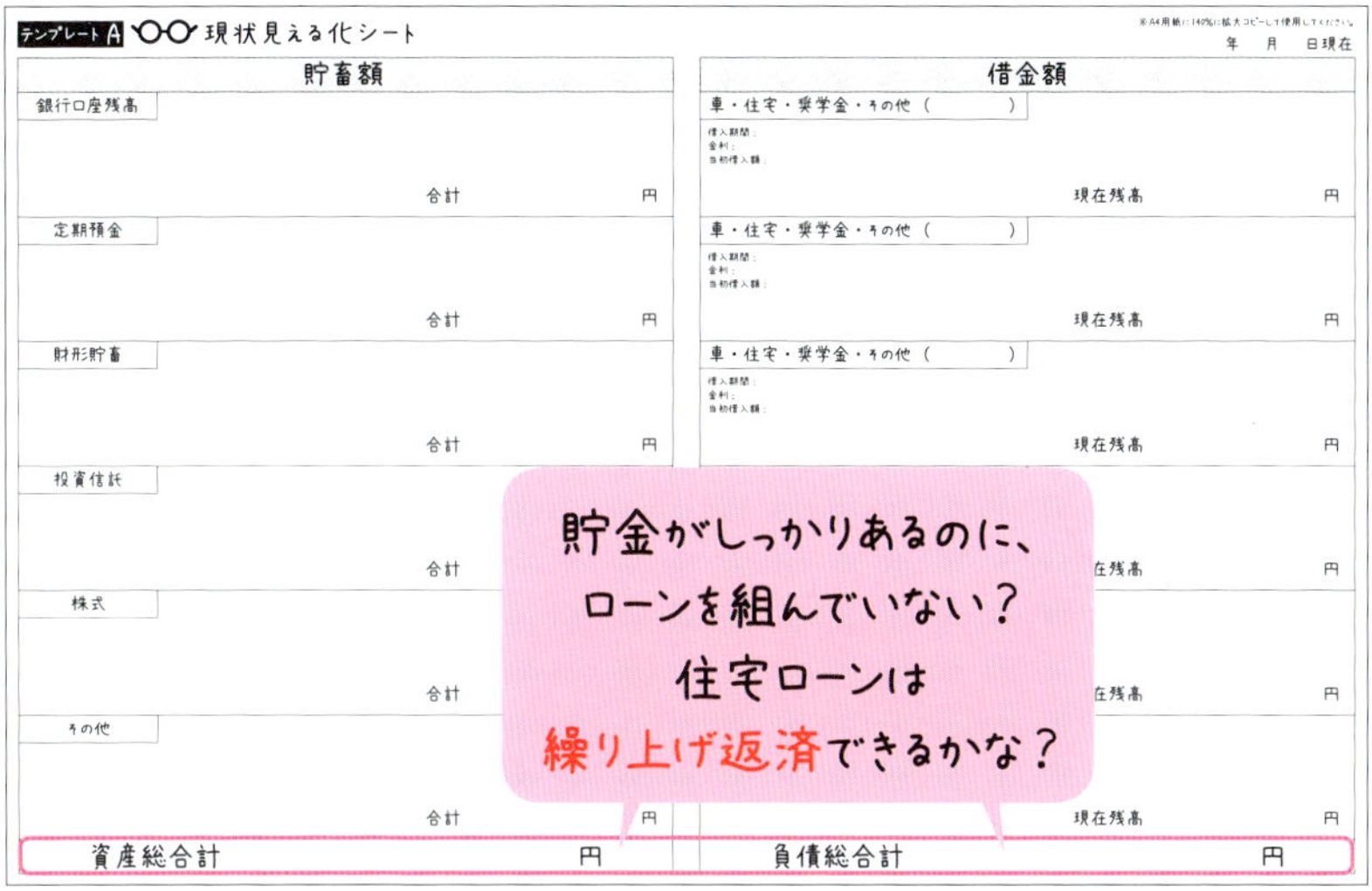

貯金がしっかりあるのに、
ローンを組んでいない？
住宅ローンは
繰り上げ返済できるかな？

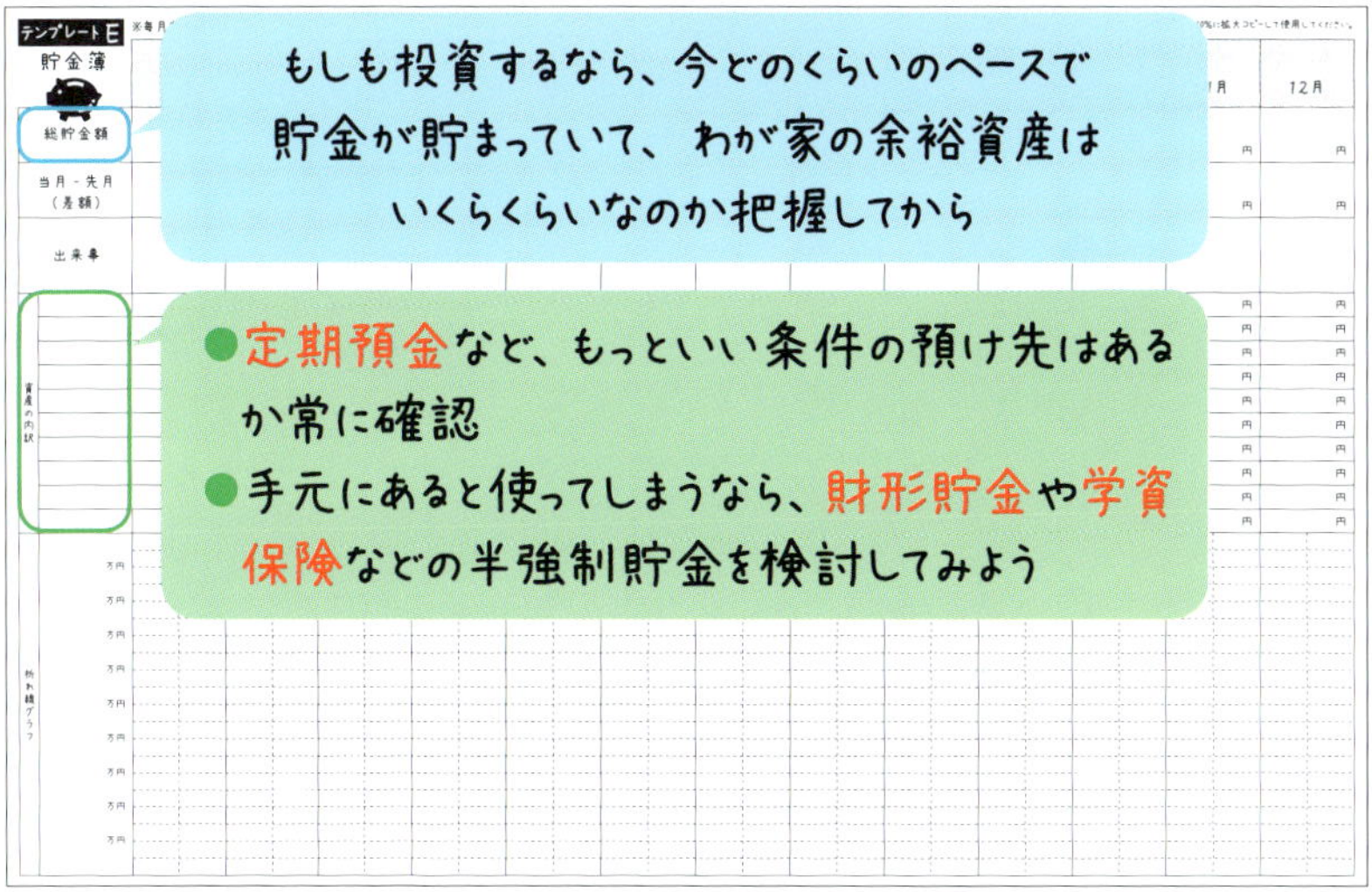

もしも投資するなら、今どのくらいのペースで
貯金が貯まっていて、わが家の余裕資産は
いくらくらいなのか把握してから

- 定期預金など、もっといい条件の預け先はあるか常に確認
- 手元にあると使ってしまうなら、財形貯金や学資保険などの半強制貯金を検討してみよう

収入弱者の貯金術　0→1を見つけよう!

銀行が開催する、ママ向けセミナーやファイナンシャルプランナーによるお金の話は、株や保険などの投資ですでにある貯金をどうするかというものが多いです。でも、元手がない人はどうしたらいいのでしょう?

私の場合、家計簿作業を時短して、収入を増やすことに集中したということが、たくさんの貯金ができた最大の原因です。

収入を増やすとひと言で言っても、方法も難易度もさまざまで、どれも一長一短。今は、フリマアプリだけで隙間時間にお小遣い稼ぎをすることがカンタンにできるようになりました。大金を稼ぐというのは難しいですが、初期投資があまりかからないのも魅力です。

元手0円→収入1円のハードルがインターネットによってどんどん低くなっています。赤字でどうにもならないとき、妊娠中で外に働きに出られないときなど、運任せで今持っているお金を投じるのではなく、いざというときのために自分ができる確実な一手を思いつくようにしていると心強いです。

左の表は報酬の多い少ない、時間報酬・成果報酬によって仕事を分けました。誰でもできる簡単な仕事は収入が少なく量をこなす必要があります。「カンタンに大金を稼げる」などという言葉はいたるところにありますが、甘い話につられず、地に足をつけて現実から目をそむけないようにしたいものです。

こんなにある！　副業の種類

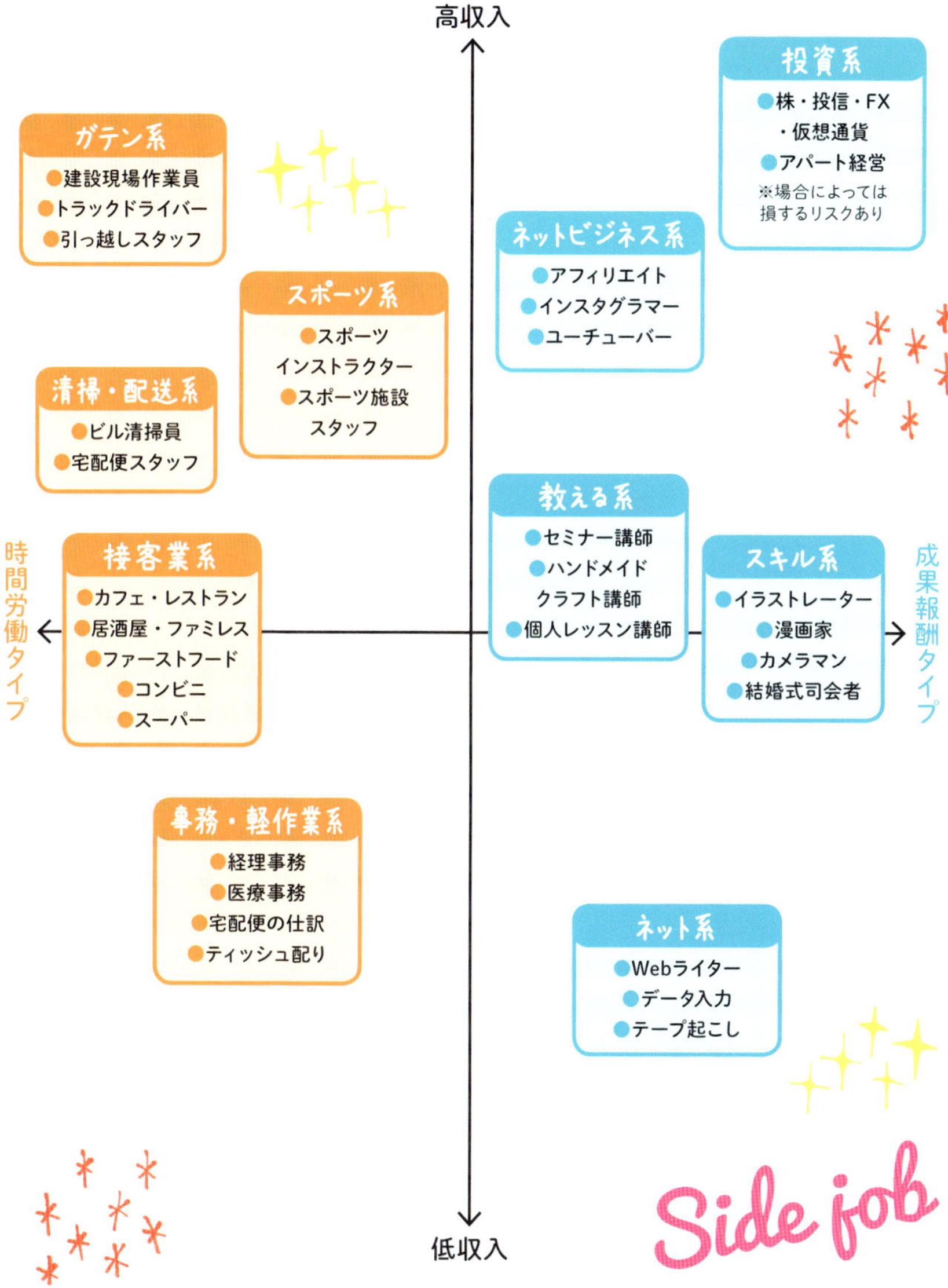

Side job

Column

現状把握ができるようになる 家計管理の学び方

家計管理の本を読んでも、どれもイマイチと感じることはありませんか？「お金をなるべく使わない」「お金を使ってお金を増やす」など、お金が主役の情報ばかりで、肝心の私たち1人1人に合った「ワクワクしたり安心できるお金の貯め方」や「心から満足できるお金の使い方」についてしっかり学ぶ機会がありません。

家計管理については、

❶ どうしたら貯金できる？（貯金の公式を理解する）

❷ お金を使いすぎないようにするには？（予算・節約）

❸ 貯まったお金をどう使うといいのか？（貯金簿）

❹ お金を増やすには？（職業・投資・副業・資産運用）

❺ 増えたお金を減らさないためには？（税金）

の順番で学んでいきましょう。全体像を知れば、自分が今何をしているのか、どこでつまづいているのか、現状把握ができ、やるべきことが分かってきますよ。

Part
2

もう悩まない！
貯金ができるようになる予算の立て方

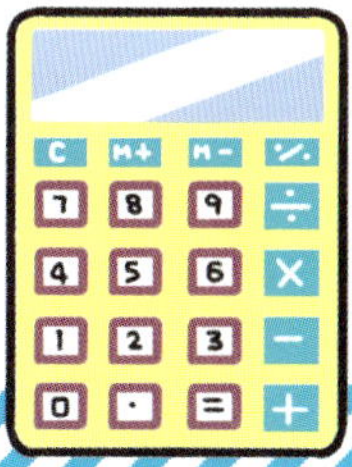

読者の家計の悩みで分かったこと

今回、この本を書かせていただくにあたり、「今、家計簿や家計管理で困っていること」についてアンケートをとりました。

その結果、断トツの1位は予算の立て方。家計管理に「予算」を取り入れている家庭の中でも、予算に振り回される人と、予算を自在に操る人の2パターンに分かれます。やっていることは同じですが、「収入ー支出」に収まるように計画するという「予算の本質」をきちんと理解していないと、一項目の予算オーバーで自分は家計管理が下手なんだと落ち込んでしまいます。収入内に支出が収まり、貯金が増えていれば、実際の細かい予算は崩れたとしても家計的には問題ないんですよ。

予算なしの家計管理では、単純にムダ遣いしないようにとなります。ただ、何がムダで、何が欲しいもので、何が必要なモノか……と考えるととても複雑です。例えば、子どもの服一つにしても、来週までに準備する必要があり、どうせ買うなら子どもが欲しい服を選びたいと思って普段より少し高めのものを買った場合はどれにあたりますか？　そんなあいまいな基準を設けるより、予算の具体的な金額を基にお金を使うほうが分かりやすいです。左の11個の悩みも予算を使いこなすことで、確信をもって対処できるようになります。本書では予算について丁寧に解説したので、ぜひ使いこなしてくださいね！

読者に聞いた家計の悩み

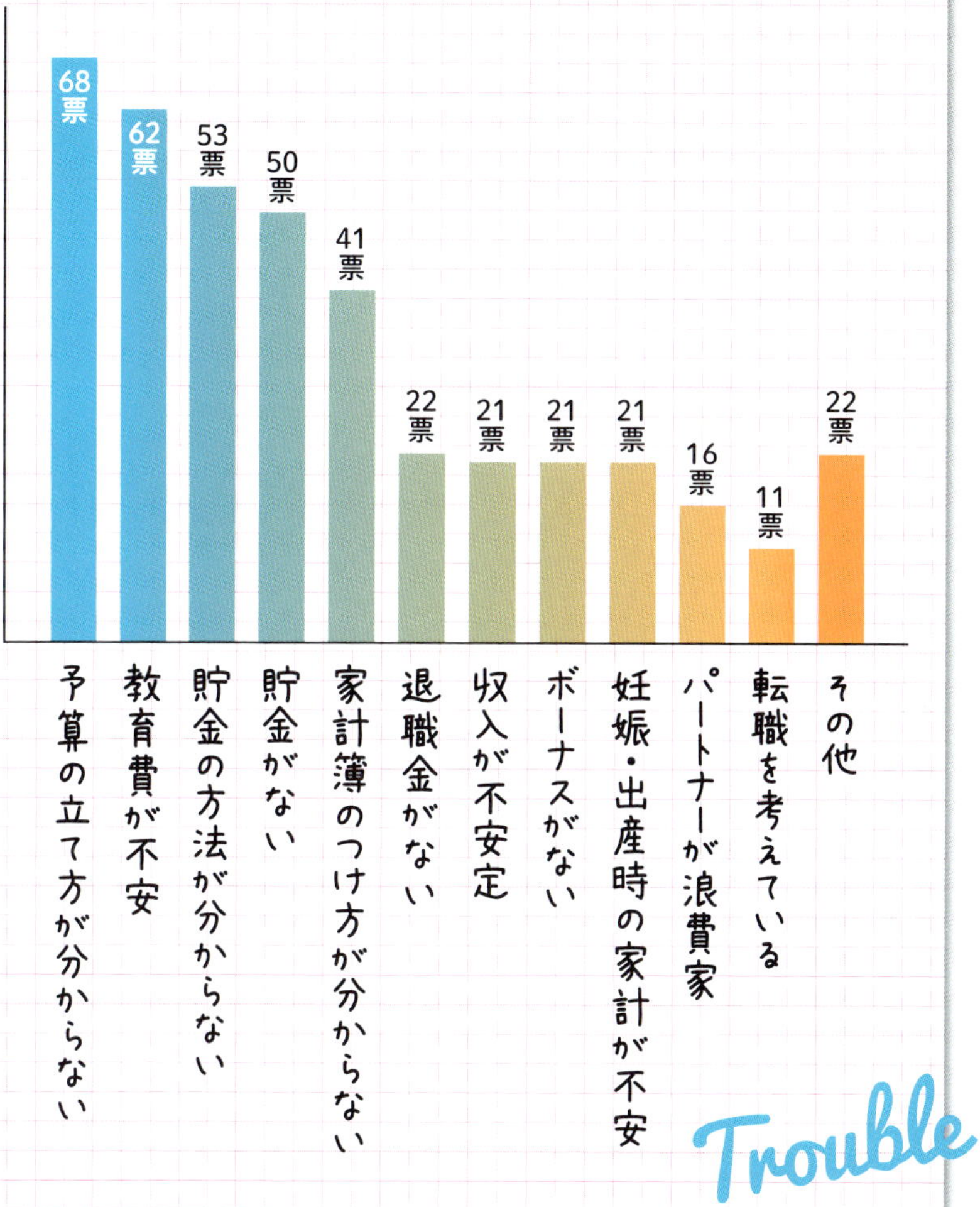

※第1弾本『ずぼら主婦でもお金が貯まる！ hana式袋分けファイル家計簿』の読者90名（複数回答可）に行ったネットアンケート集計より

そもそも予算立てとは？

予算とは、使っていい項目と金額をあらかじめ決めておくことです。よくある「1日○円で暮らす」というのも、お金を使う前に金額を決める予算の考え方です。

でも、日々の生活費の予算だけでは不十分。お金が貯まる法則は「収入－支出」なので、支出の特性を理解して、すべてを収入内に収めることで、貯金額がどうなるのかシミュレーションすることができます。

左ページの予算立てシートを見てください。このシート1枚で、1カ月の生活費だけでなく、金額が大きい特別支出や、毎年必ず必要になる年間のイベント費まで考えられるようになっています。「支出」とひと言でいってもこれだけ考えることがあります。とはいえ1度書き出してしまえば、あとは金額を調整するだけなのでカンタンです。

予算立ては、いわば「家計の未来シミュレーション」。計画や予想なので、いい結果も悪い結果も出ます。どうしても予算に収まらないということは、「このままいくと赤字」を意味します。予算立てで支出を一覧化しておけば、「収入－支出」の貯金の法則に従って、

❶収入を増やす→どうやって？
❷支出を減らす→どの項目を？

と具体的に考えて、行動までの時間が早くなります。金運アップなど神様に頼らなくても、必然的に家計は改善されていきますよ。

予算とは使っていいお金を事前に決めること

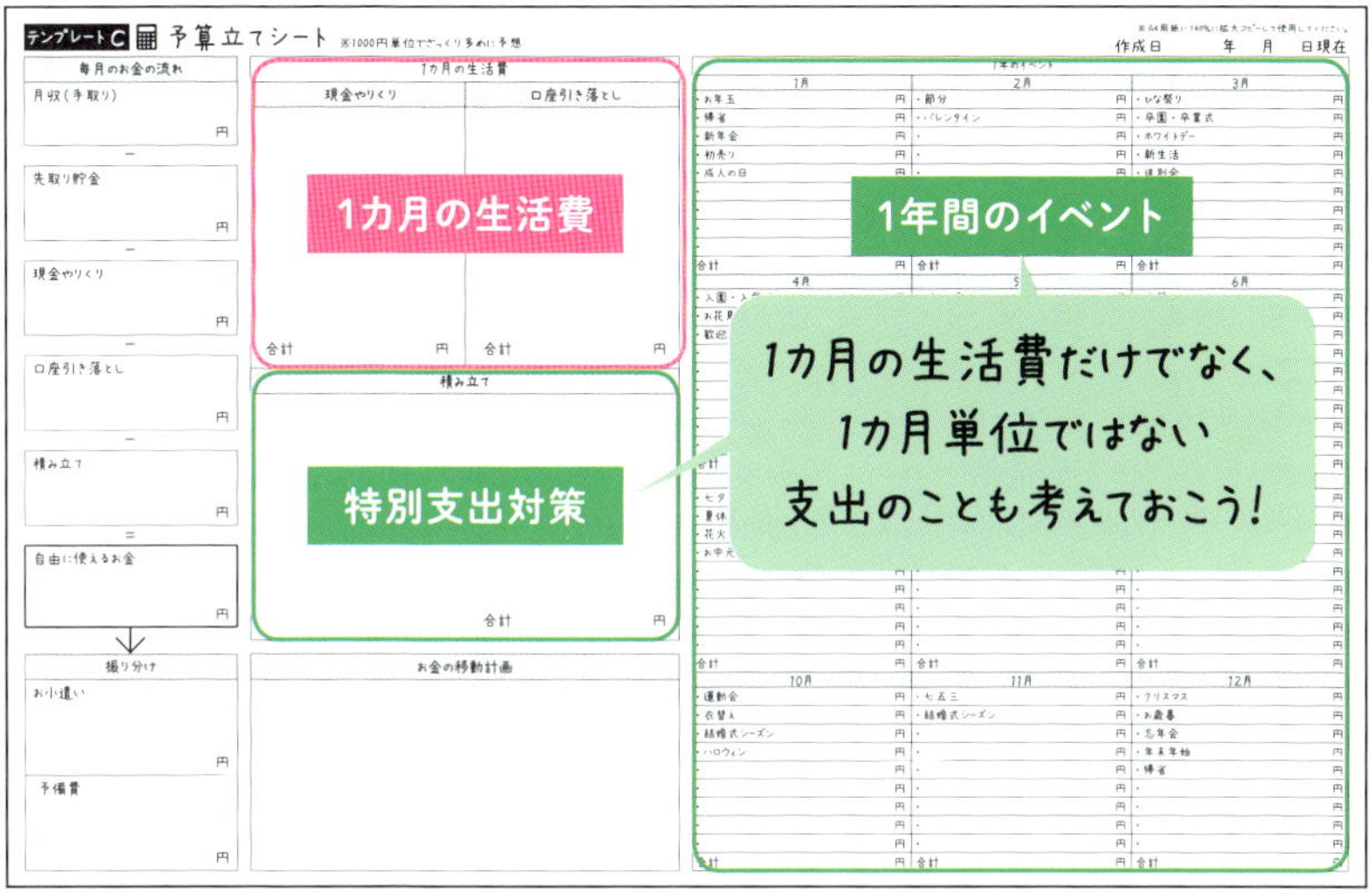

予算立てとは家計のシミュレーション

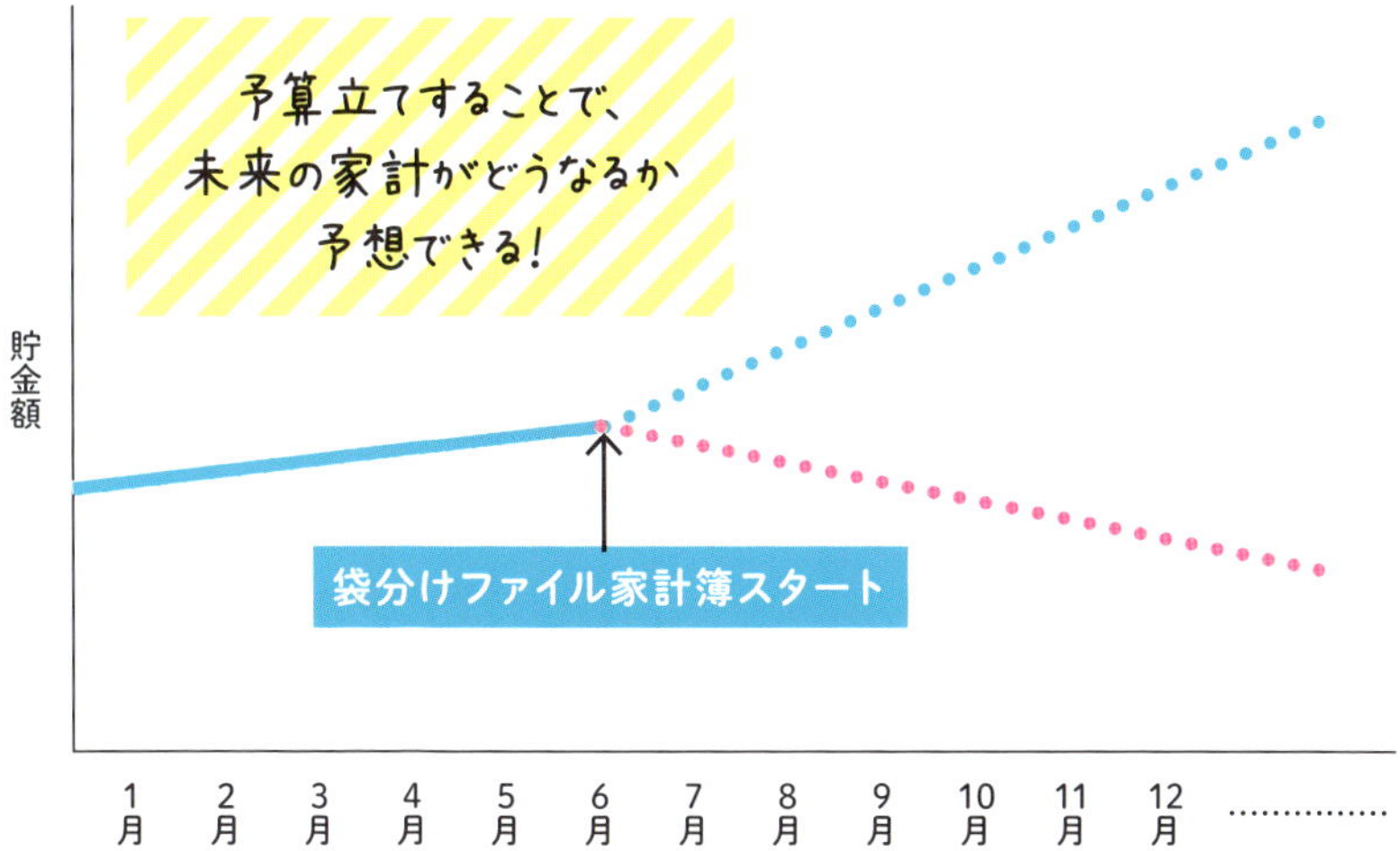

どうやって予算立てするの？

予算立てを複雑に考えている方が多いですが、やり方はとてもカンタンです。**通帳とクレジットカード明細を用意して、そこから該当項目を計算していくだけ。**誰かのマネをして項目を決めるのではなく、過去に使った自分のお金の記録を基に考えることが大切です。

予算立てシートでは最初、「1年間に払うお金がこんなにあるなんて……」と落ち込むかもしれませんが、先取り貯金のほかに、各予算でやりくりに成功した分の差額、積み立て、ボーナス、臨時収入はすべて貯金になるので実際はもっと貯金できます。

現状を把握しないまま、今ある問題を見ないで大きな目標だけを掲げてもうまくはいきません。この予算の立て方なら、最近の自分の支出から引用しているので、現状がありありと分かります。その現実に向き合いながら、目標を立てるのが家計管理なのです。

ただし、現状把握は大切とはいえ、毎日、家計簿を書いて、現状把握だけをしていても家計は改善しません。「現状把握→原因を見つける→改善策を考える→解決案を実行」という流れがないと、意味がないのです。

まずは「先取り貯金」欄に、24ページで計算した貯金目標を書いてください。貯金目標がマイナスの方は、先取り貯金は0円でいいので、今より月1万円の支出をおさえられるように予算を組んでみましょう。

予算立てをはじめよう！

予算立てに必要なのは4つだけ！

- 予算立てシート（巻末のものを拡大コピーして使用）
- 通帳
- クレジットカードの明細
- 電卓

Start

予算立てシートについて

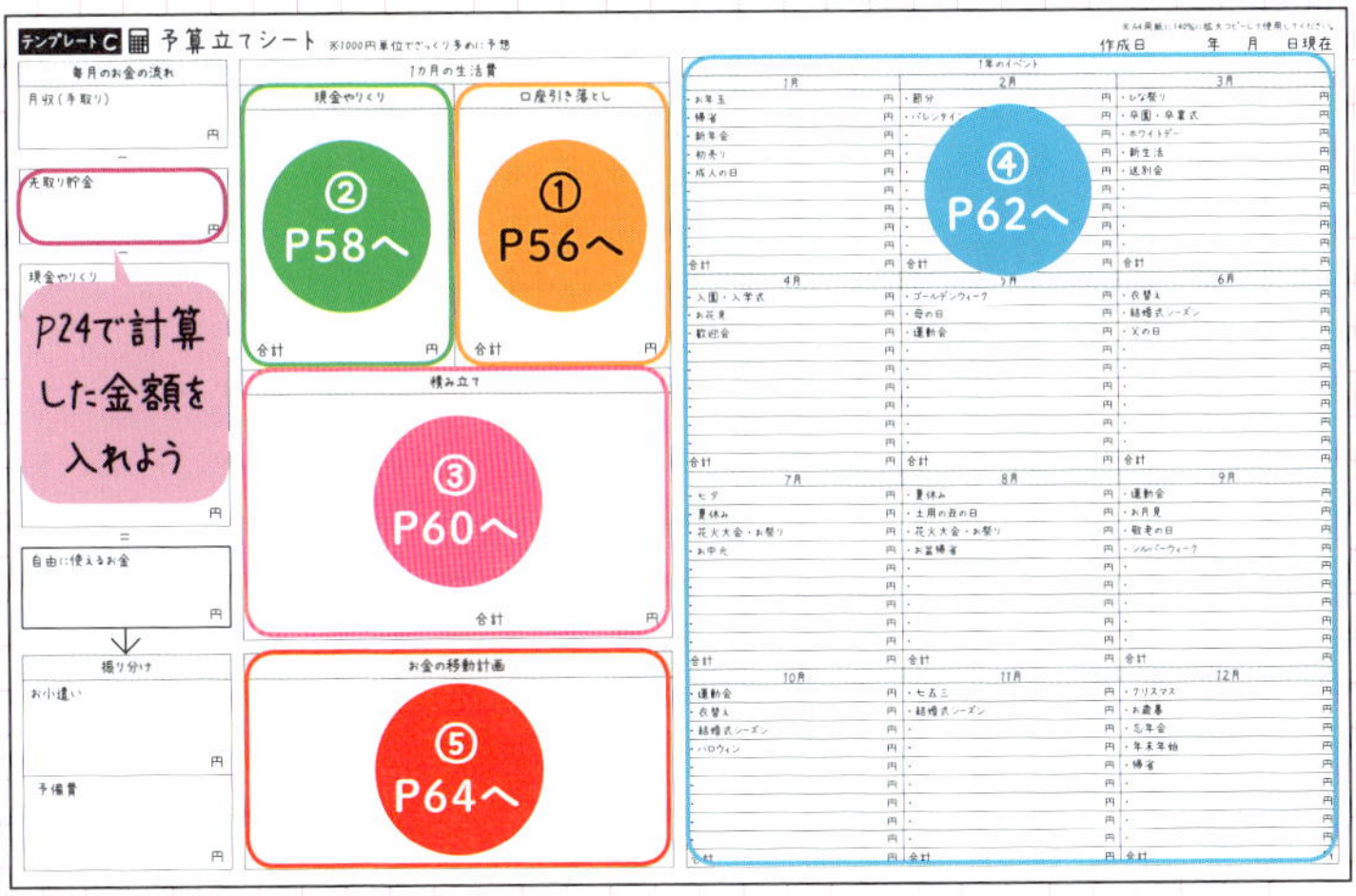

予算立てシートでは、貯まるお金が少なく感じるものの、以下の4つが貯金なので、しっかり貯まる！

- 先取り貯金
- 各予算でやりくり成功した分の差額
- 積み立て（使う予定はあるけれど、実質は貯金と同じ）
- ボーナス

先取り貯金×12カ月とボーナスを足せば、年間貯金額の目安が分かる予算立てを実践！1

毎月の口座引き落としを確認

　早速、予算立てを実践してみましょう！まずは「口座引き落とし」の部分を埋めていきます。**持っている通帳とクレジットカードの明細を過去1年分見て、毎月引き落とされる項目を見つけてください。**例えば、電気代、水道代、住宅ローンや家賃、保育料、携帯電話料金などがあります。

　電気代など、年間で金額に変動があるものは、過去1年分の電気代を足して12カ月で割ると1カ月当たりの平均が分かります。この金額をざっくり1000円単位で記入しましょう。ざっくりだと不安かもしれませんが、予算を細かくしてしまうと、予算残高が分かりにくく、計算もややこしくなるだけです。

　家計全体を見るためのポイントは、変動する項目に対しても、予算という基準を決めること。一つの予算が決まると、ほかの項目についても月収とのバランスを取りながら、無理のない予算を設定することができます。

　月別に毎月適切な予算を組もうと思っても、特に12月～1月のクリスマスから年末年始や、3月～4月の新生活時期、夏休み時期などはお金の出入りが激しく、やることも多くて時間がありません。できるだけやるべきことは増やさず、月平均で生活をして、1年を通して項目別に見直しましょう。年単位で家計を考えれば、短期的な赤字に振り回されなくなりますよ。

口座引き落とし欄を記入しよう！

通帳

日付	摘要	支払い金額	預かり金額	差引残高
○月○日	○○○○	○○○○	○○○○	○○○円
○月○日	○○○○	○○○○	○○○○	○○○円
○月○日	○○○○	○○○○	○○○○	○○○円
○月○日	水道	○○○○	○○スイドウ	○○○円
○月○日	○○○○	○○○○	○○○○	○○○円
○月○日	○○○○	○○○○	○○○○	○○○円
○月○日	○○○○	○○○○	○○○○	○○○円
○月○日	○○○○	○○○○	○○○○	○○○円
○月○日	住宅ローン	○○○○	○○○○	○○○円
○月○日	○○○○	○○○○	○○○○	○○○円
○月○日	○○○○	○○○○	○○○○	○○○円

クレカ明細

○○カード　請求書

○月○日	電気	○○○円
○月○日		○○○円
○月○日		○○○円
○月○日		○○○円
○月○日	携帯電話	○○○円
○月○日		○○○円
○月○日		○○○円
○月○日		○○○円
○月○日		○○○円
○月○日		○○○円
○月○日		○○○円

主な口座引き落とし項目

- 住宅ローンや家賃
- 電気代
- ガス代
- 水道代
- 携帯電話代
- ネット代
- 国民健康保険代
- 国民年金代
- 保険料
- 保育料……etc.

予算立てを実践!②

毎月の現金管理を考えよう

次に現金管理をする項目について考えていきましょう! もうすでに自分に合った予算の振り分けがある方はそのままでもいいですが、ここではぜひ週予算を取り入れてみましょう。週予算とは、何も特別なことがなかったときの1週間分の生活費のことです(30ページを参照)。

現金やりくりの欄に、1週間いくらで生活するか書き込んでみてください。いくらで生活できるか分からない場合は、1週間1万円からはじめてみてもいいですし、通帳の「ATM出金」「自動機支払」などと書いてある金額が引き出したお金なので、この金額から1週間の生活費を考えてみてもいいです。

週予算の金額が確定したら、生活費を完全にクレジットカード払いに変更しても構いません。現金やりくりの欄から口座引き落としの欄に週予算を移動してください。クレジットカード払いの場合、1週間分のレシートを取っておき、あといくら使えるのか予算を意識することを忘れないでくださいね。予算のために計算するのが面倒な方は、週予算管理用の銀行口座を用意してデビットカードを利用すれば、即座に銀行から引き落とされるので予算残高が分かりやすいです。生活費は金額が小さく頻度も多いので袋分けが一番カンタンに予算管理できますが、予算残高さえ分かっていればどの方法でもOKですよ♪

現金やりくり欄を記入しよう！

生活費をクレジットカードで支払いたい場合

1 袋分けなら？

週1回、週予算を財布に入れて、なくならないように使うだけ♪　クレジットカードを使ったら、同じ額を財布からクレジットカード支払い用袋に入れればOK

2 完全にクレジットカード払いをしたい場合は？

毎週ごとにクレジットカードで払った分を計算し、予算残高をチェックするだけ

3 足したり引いたり、メモするのが面倒な人は？

銀行などの金融機関が発行するデビットカードがおすすめ。このカードで決済すると代金が銀行口座から即座に引き落とされるので、週予算をデビットカード引き落とし口座に設定しておけば、残高が分かりやすい

▼

とにかく、予算残高が自分で分かればどの方法でもOK！

予算立てを実践！❸

積み立てはどうする？

「積み立て」とは、未来の支出を先回りして少しずつ使ったつもりで用意しておくこと。早速、あなたの家計が積み立てできるかをチェックしてみましょう。これまで計算してきた「月収・先取り貯金・現金やりくり・口座引き落とし」など確定したものを予算立てシートの左の欄に記入します。

その後、余った金額で積み立てを考えていきます。ここで余らない場合は積み立てができません。お金はとってもシビア。収入以上に予算を振り分けることはできません。

実は、私も夫が求職中は積み立てができませんでした。しかし、今までしてきた袋分けの積み立てがあったおかげで、貯金をあまり崩すことなく過ごすことができました。

やり方は次のように、**先順位が高いものから積み立て項目と予算を設定します。**

❶年払いや半年払い（保険料や税金）

❷2～3カ月ごとに払っているもの（医療費・美容費など）

❸欲しいもの積み立て・心配ごと積み立て（旅行・家電買い替えなど）

❷と❸はゆとりのあるときにできるだけ積み立てておくと貯金を崩す回数が激減します。毎月積み立てができなくても、袋分けファイルにラベルだけでも貼っておくと、臨時収入があったときに入れるようになり、ムダ遣いすることがなくなるので便利ですよ。

積み立て欄を記入しよう！

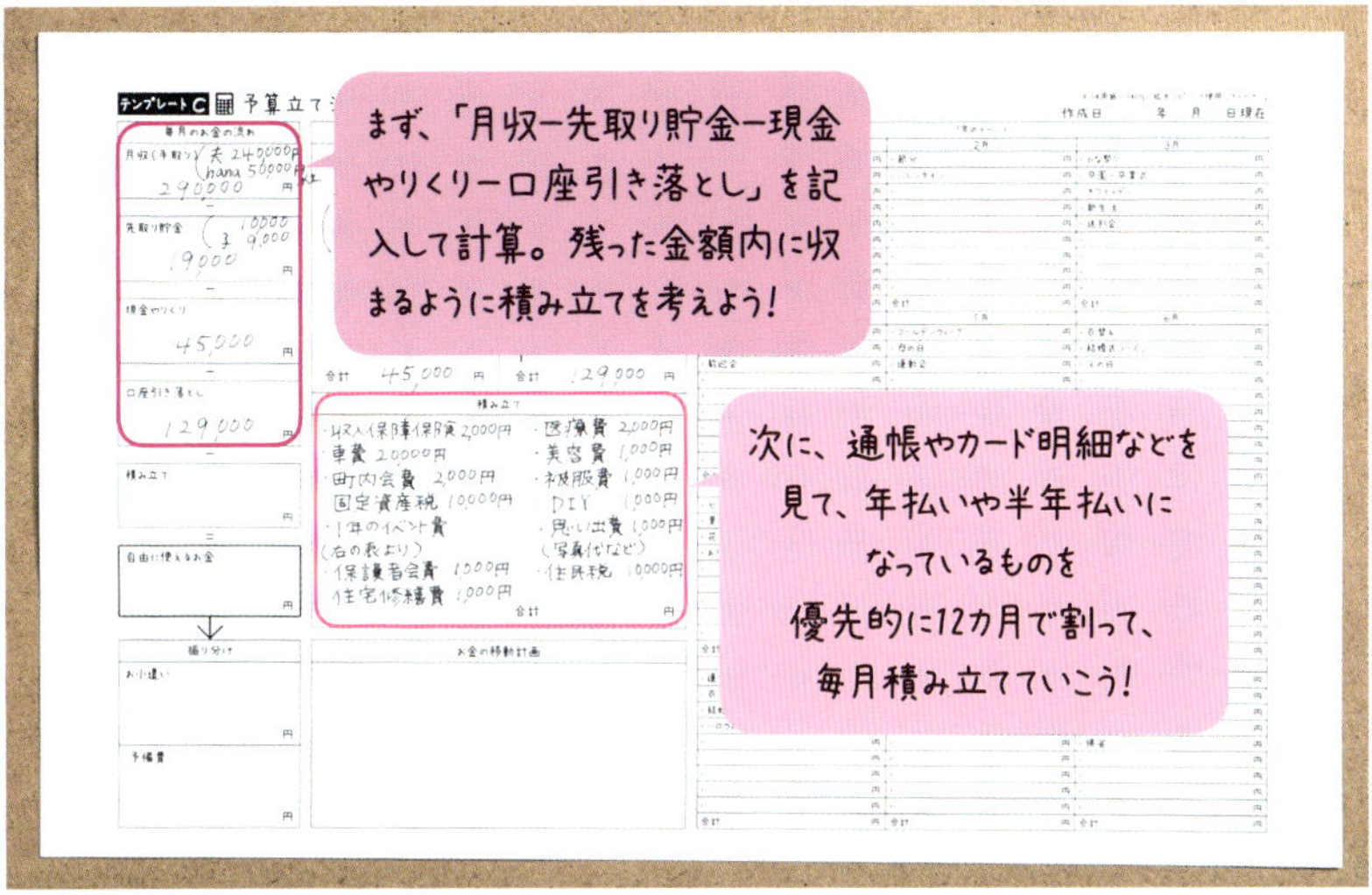
まず、「月収ー先取り貯金ー現金やりくりー口座引き落とし」を記入して計算。残った金額内に収まるように積み立てを考えよう！
次に、通帳やカード明細などを見て、年払いや半年払いになっているものを優先的に12カ月で割って、毎月積み立てていこう！

袋分けで、赤字でも選択肢が増える！

1. 年払いや半年払いしているもの (例／NHK放送受信料、保険料、税金など)
2. 2～3カ月おきに支払っているもの (例／被服費、医療費、町内会費など)
3. 欲しいもの積み立て・心配ごと積み立て (例／旅行・家電買い替えなど)

- 年払い・半年払いのものは必ず支払わなければいけないので、優先的に用意
- ②と③はゆとりのあるときに積み立てしておくと、足りなくても貯金を崩す金額が減る
- 毎月、積み立てができなくても、袋分けファイルにラベルだけでもあると、節約できたお金を何に振り分けたらよいかすぐ分かるので、ムダ遣いしなくなる

予算立てを実践！④

1年のイベントをチェック！

1年で考えるとイベント費は意外とかかるもの。冠婚葬祭や事故・病気などの急な出費はあまり予測できませんが、毎年同じ時期にあるイベントや誕生日、年齢ごとにある卒入学はあらかじめ予想できる出費です。

特にお付き合いのお金は節約しにくいので、当たり前に払うものとしてしっかり計画しておきましょう。

計算方法は、1年のイベント費を全部合計して12カ月で割ると、毎月の積み立て金額が分かります。計算してみたら高額で、とてもじゃないけど用意できないという場合は、一部ボーナスで対応してもいいですし、**イベント費として月5000円～1万円でも積み立てておくと安心感が違いますよ。**

この段階で、予算立てに必要なデータが全部そろいました。ここで予算立てシートを見れば、どの項目が予算を圧迫しているのか見えてきます。収入内に収まらない場合は、できるだけ収まるように微調整してください。1000円減らすだけでも、年間にすると1万2000円浮いて、その分貯金できることになるのでばかになりません。

ここでちょっとした便利技ですが、毎月袋分けで下ろしてくる現金の中に、かなりの確率で新札があります。これを優先的にイベント費袋にストックしておくと、急にお祝いを用意しないといけないときも慌てませんよ♪

1年のイベント欄を記入しよう！

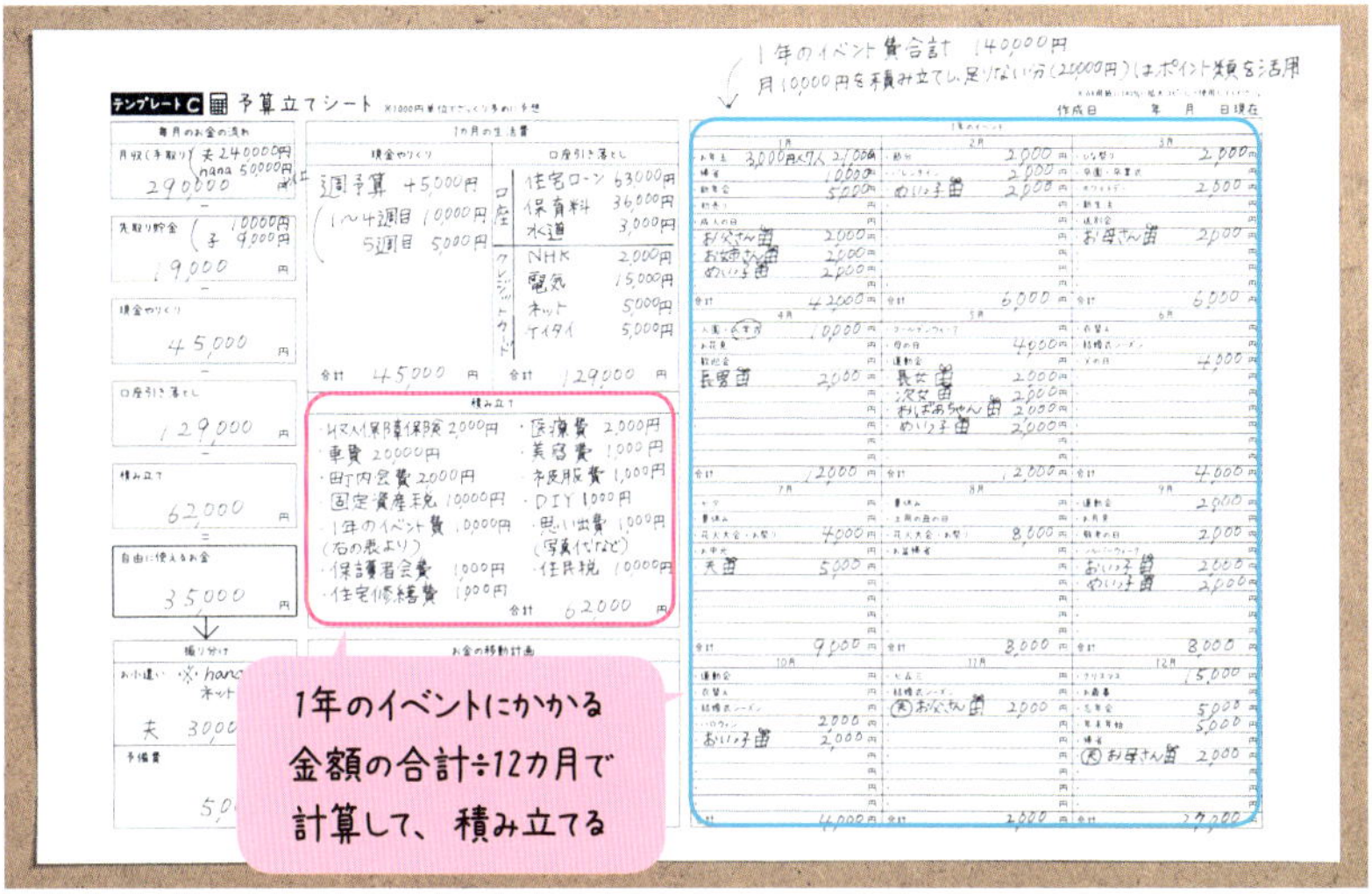

袋分けファイル家計簿の裏ワザ

冠婚葬祭やお年玉などで必要になる新札。必要なときに、わざわざ用意しなくてはいけないのでちょっと面倒な新札も、袋分けファイル家計簿をやっていれば簡単にゲットできる。毎月袋分けのためにお金を下ろす際、かなりの確率で新札が手に入るので、これをより分けてストックしておけば、いざというとき慌てずにすんで便利！

Tricks

予算立てを実践！⑤

お金の移動計画とは？

さぁ予算立てシートの最後の仕上げです。お金の移動計画を記入しましょう。この欄は次の**覚え書きについて書くスペースです。**

❶銀行の引き落としで残高不足にならないために、どこの銀行にいくらお金を置いておけばいいか。

❷袋分けの現金はいつまでに全部でいくら下ろしてくればいいか。

❸ボーナスの使い道。

　口座の引き落としでは、残高が足りなくなることが一番心配なので、移動するべき金額があれば書き込んでおきましょう。

　袋分け用の現金は1000円札が何枚必要かまで書いておくと分かりやすいです。

　ボーナスの使い道もあらかじめ、いくら分を何に使うかまで決めておきましょう。

　袋分けファイル家計簿では、最初の予算立てが一番大変ですが、あとは予算どおりに振り分けるだけです。一つの項目が埋まれば必然的にほかの項目も決まっていくので、あとは調整していきましょう。1度書いたら、何度も書かなくてOK。だから**毎日やるべき家計管理はどんどん少なくなります。**

　この予算立てシートを夫に見せたら、「お小遣いを減らしていいよ！」と言われたという方も。「うちにはお金がないから」だけでは納得できませんが、きちんと数字で根拠を示せば伝えやすく、協力も得られます。

お金の移動計画を記入しよう！

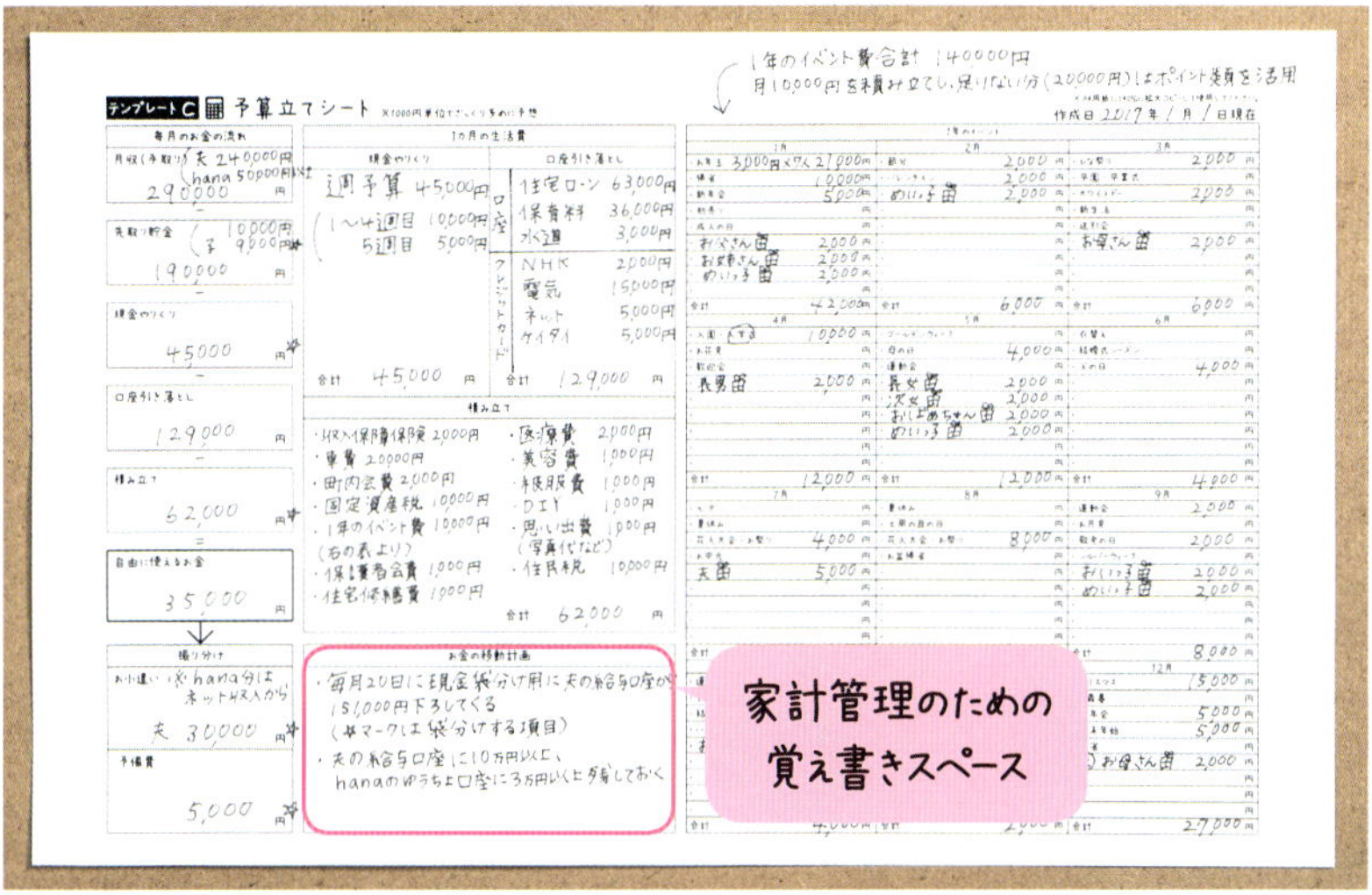

お金の移動計画欄に書いておくべきこと

1. どこの銀行にいくらお金を置いておけばいいか（銀行引き落としで残高不足にならないために）
2. 袋分けの現金はいつまでに合計いくら下ろしてきたらいいか
3. ボーナスの使い道

……etc.

予算立てを実践！6

袋分けするのはどの予算？

袋分けするのにおすすめの項目は、以下の４つです。

- 現金やりくり
- 積み立て
- お小遣い
- 予備費

使えるお金が現金ではっきりと見て分かり、「なくなったら使いすぎ」と分かりやすい袋分けは予算管理がとてもカンタン。ぜひその特性を活用してくださいね。

袋分け管理シートへの書き方は、袋分けファイルに現金を振り分けるときに、今、袋に入っている金額を記入するだけ。先月使わなければ、そのまま増えますし、使えば使った金額分減るのでシンプルに管理できます。

例えば被服費を月１０００円ずつ積み立てていた場合、使わなければ翌月は２０００円使えるということ。今月使わなければ翌月はちょっとリッチに。だからワクワク楽しく節約に取り組めます。また、翌月も補充されると思うと安心感があり、とにかく１円でも節約しなくちゃという強迫観念が薄まります。

手元で管理するにはちょっと不安だなと思うような高額の予算（車費など）は、銀行口座で管理しても構いません。そのまま袋分け管理シートの該当欄に「ここから〇〇銀行で管理」と書いておけば、積み立て状況・推移をチェックすることができますよ。

袋分けのポイント

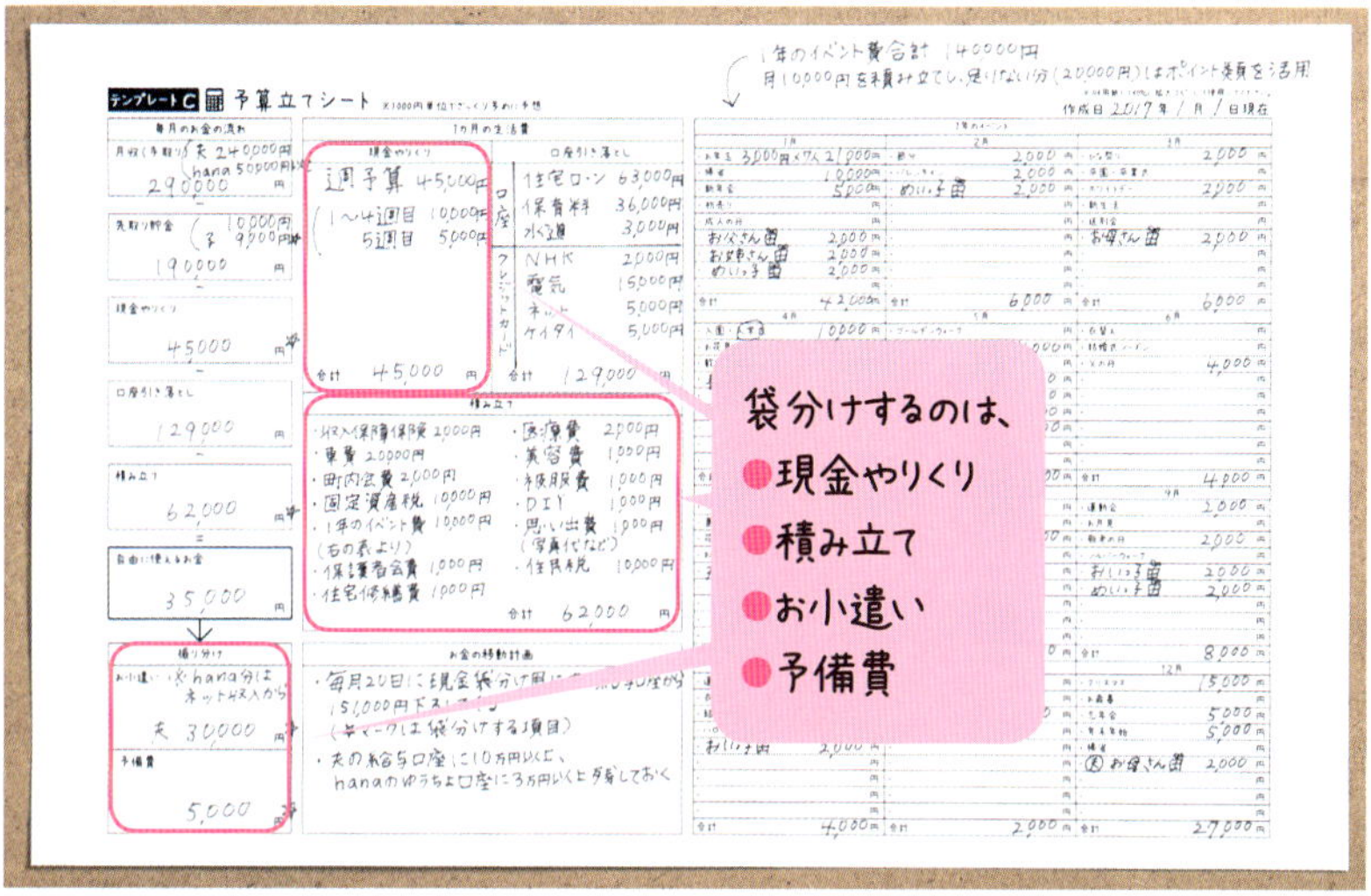

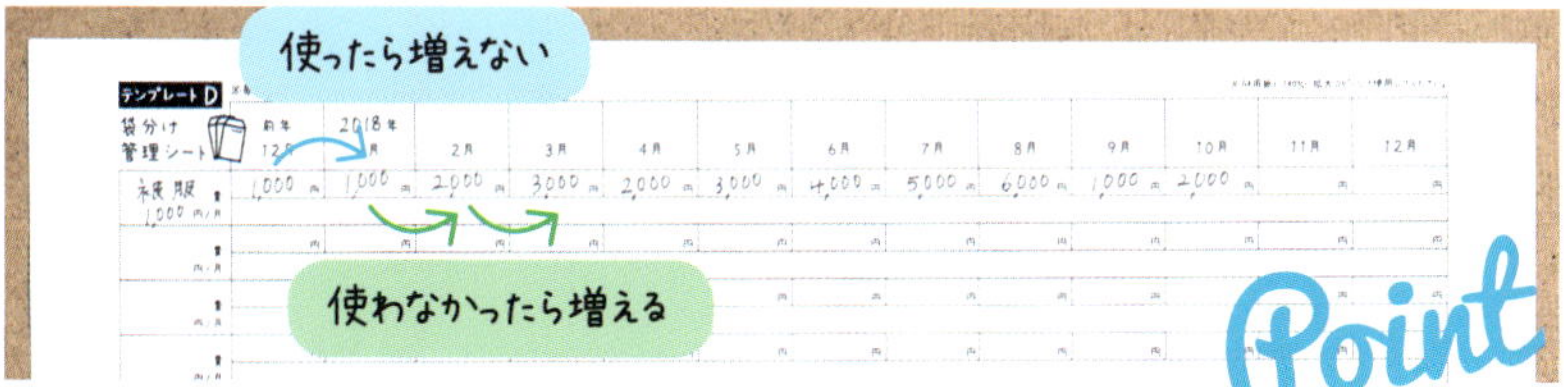

Point

手元に多額の現金を置いておくのが不安な場合は？

例えば車費の積み立てなど、どんどんお金が増えていき、袋分けファイルで積み立てていくのは防犯上不安という方は、銀行管理でもOK。口座内の積み立て状況は、引き続き袋分け管理シートを使うと便利！

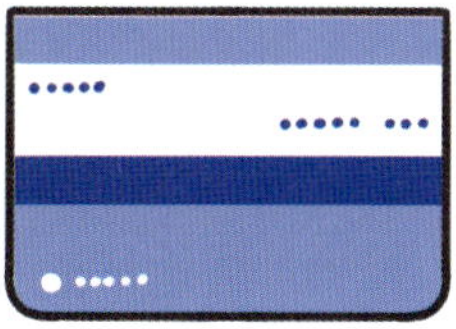

毎月のお金の流れを確認しよう！

私は買ったものの記録ではなく、あといくら使えるかという「予算」だけを見ていく方法で家計管理をしています。なので、何に使ったかはほとんど書くスペースがありません。**「迷ったら予算立てシートを見る」**を合言葉に、**シンプルに家計管理しましょう。**

予算外の入出金はないか？　予算の金額を変更したほうがいいものはあるか？　毎月これだけ確認してください。

交通違反などの支出は、毎月の家計の予算の一つとして加える必要がないので、払って終わりです。過去ではなく、常に未来を見ているから未来の貯金の予想がつくようになります。予算立てシートは年1回大まかに計画したら、あとは実践して問題や改善した部分だけを細かく調整します。そうやって常に最新版にしておくと、左の図の通り、予算に沿って袋分けや口座分けをするだけですみます。

家計はノウハウやテクニックのぶつ切りであれこれ試すのではなく、「家計改善の流れ」に沿って考えます。❶現状を確認→❷原因を見つけ出す→❸解決策を考える&調べる→❹解決法を実行！　という4つの流れが大切です。この4つをやらないで、ただ「節約を頑張る！」といっても、実際に何をどうやるのかがはっきりしません。袋分けファイルでは家計改善の流れを組み込んでいるので、あとは流れに乗るだけですよ。

お金の流れ

① 計画

予算立てシートの通りにお金を移動する

▼

② 準備

給料日から月末までに袋分け分の
現金を下ろしてくる

> 常に最新版にしておく。
> ・予算外の入出金はないか？
> ・予算の金額を変更したほうが、いいものはある？ 変更したら、翌月修正版で1カ月過ごしてみよう

▼

③ やりくり・積み立て・現状確認・見直し

袋分けファイルに振り分け、
袋分け管理シートに記入

> 積み立てが
> うまくいっていなければ
> 予算見直し

▼

④ 貯金結果の確認・現状把握

毎月1日に貯金簿を記入

> 現状に
> 満足できなければ
> 予算見直し

▼

⑤ 実践

毎月1日に袋分けをスタート

> 予算がずれてきたら
> 予算見直し

▼

①に戻る

How to

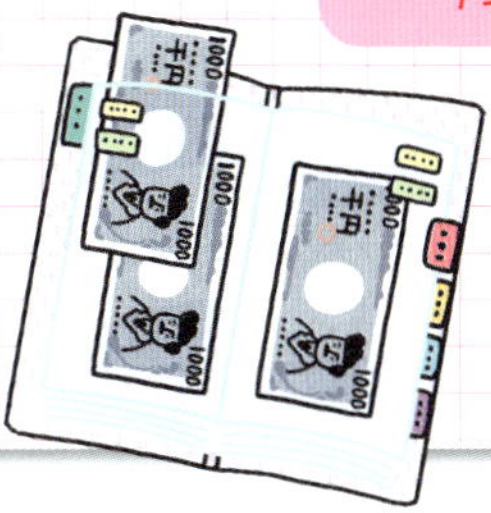

予算立てで赤字になるときの対策

予算の計画を立てても、予定外の出費があり、世の中そんなにうまくはいきません。それは実践している私自身が痛感しています。

赤字の場合は、**先取り貯金、積み立て、イベント費から、優先順位の低い項目を足りない金額分除いて調整しましょう。**先取り貯金や積み立てを減らしてしまうのは心苦しいですが、今、不自由なく生活できることが最優先。借金がある場合は、貯金よりも返済に意識を向けましょう。赤字だと気分が落ち込みますが、支出が収入内で収まれば必ず貯金はできます。そのことを忘れないでくださいね。

赤字とはいっても、例えば電気代は月によってはオーバーすることがあります（左ページ参照）。しかし、年間で平均を超えなければ家計的に問題はありません。毎月違った予算を立てると管理も確認も大変。しかも冬場は暖房で光熱費がかかる上、クリスマスなどのイベントもあり、支出が増えがちです。そんなときこそ、年平均で家計を捉えることはとても大切。収入はある程度一定ですが、支出はとても複雑ですからね。

1カ月の収支の確認は貯金簿でさらっとでOK。重要なのは、予算の見直しを項目ごとにすること。クレジットカード利用で使った月と請求される月、引き落としされる月がバラバラでも、項目別に見直しが大事と分かっていればさほど問題ありません。

予算立てで赤字になるときは？

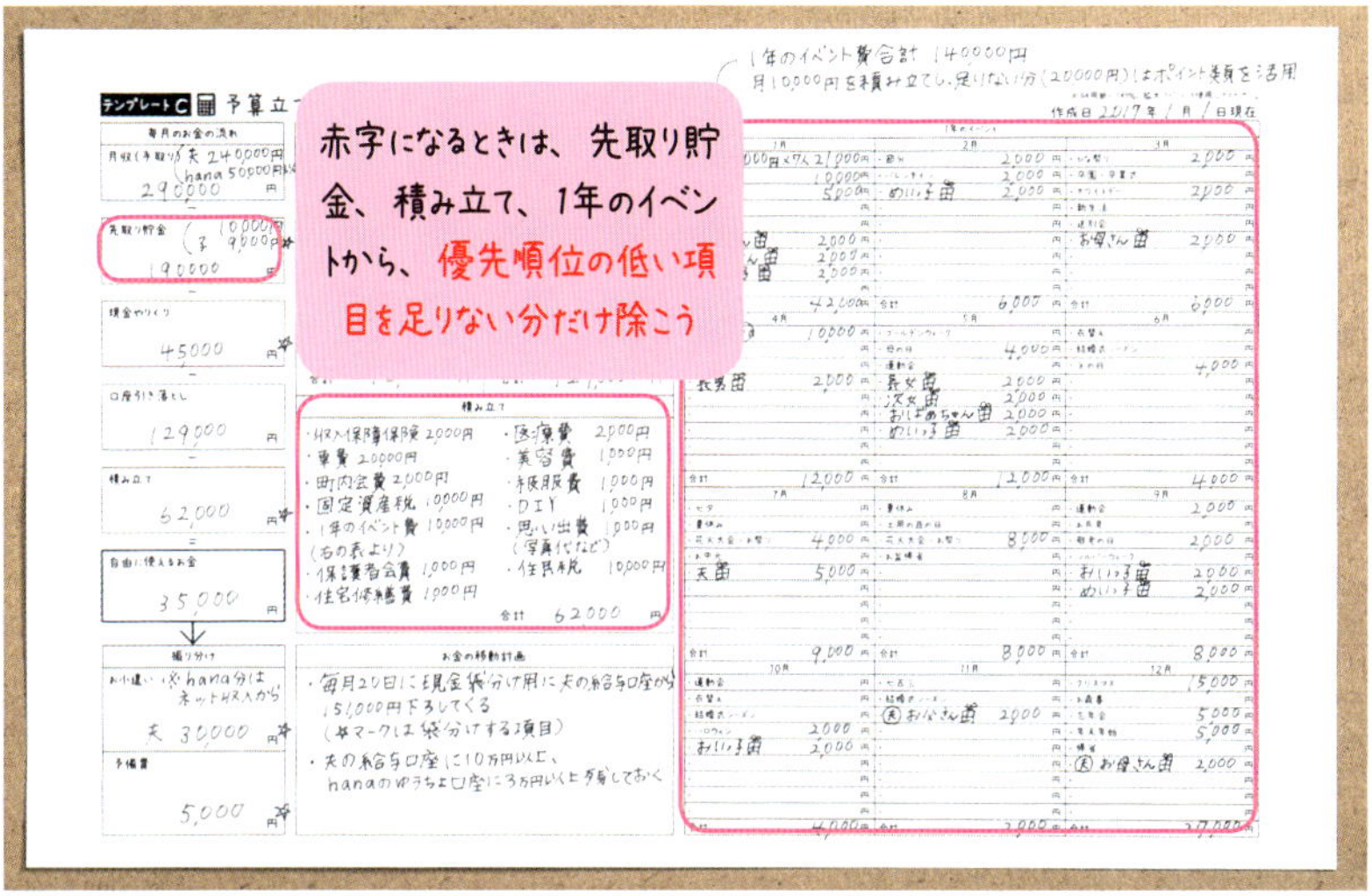
赤字になるときは、先取り貯金、積み立て、1年のイベントから、優先順位の低い項目を足りない分だけ除こう

電気代が赤字の原因になることも

●例えば電気代の積み立て1万5,000円の場合

1月	2月	3月	4月	5月	……
2万円	1万8,000円	1万2,000円	1万円	9,000円	……
↑ オーバー	↑ オーバー				

年間平均で1万5,000円なら問題なし！

1カ月の収支の確認は貯金簿でさらっと。
予算の見直しを重視するのは、
項目ごとに見直しをするため！

予算はときどき修正して育てよう！

予算立てを1から書き出すのは最初の1回限りです。あとは予算変更があれば随時修正していくだけ。ここで分かりやすく例をあげて紹介しますね！

例えば、携帯電話料金を見直して5000円を節約できたら、全部貯金ではなく、半分はお小遣いや旅行積み立てなど、自分が嬉しくなる予算にプラスさせましょう。貯金は大事ですが、貯金のために生きているわけではありません。頑張った分、自分に返ってくるということが数字と実感を通して体験できれば、自信にも繋がります。

反対に、子どもが成長してよく食べるようになり、週予算をアップしたいという場合、アップした分だけほかの項目を減らせないか調整しましょう。先取り貯金を減らしてしまうのは悔しいですが無理な予算はいずれ崩れます。無理せず家計がうまく回っていくことがなによりも大切なのです。

予算内でうまく回っている項目に関しては、頭を悩ませることがなくなるので、自分の時間にあてることができます。袋分けファイル家計簿でお金のゆとりだけでなく、時間のゆとりも手に入れましょう！　家計管理で育てていくのは、自分のお金の使い方に対する自信です。ムダ遣いを数えるより、自分が家計のピンチを救うために動かした予算を数えましょう。

予算修正のコツ

節約できた場合（5,000円節約できたとき）

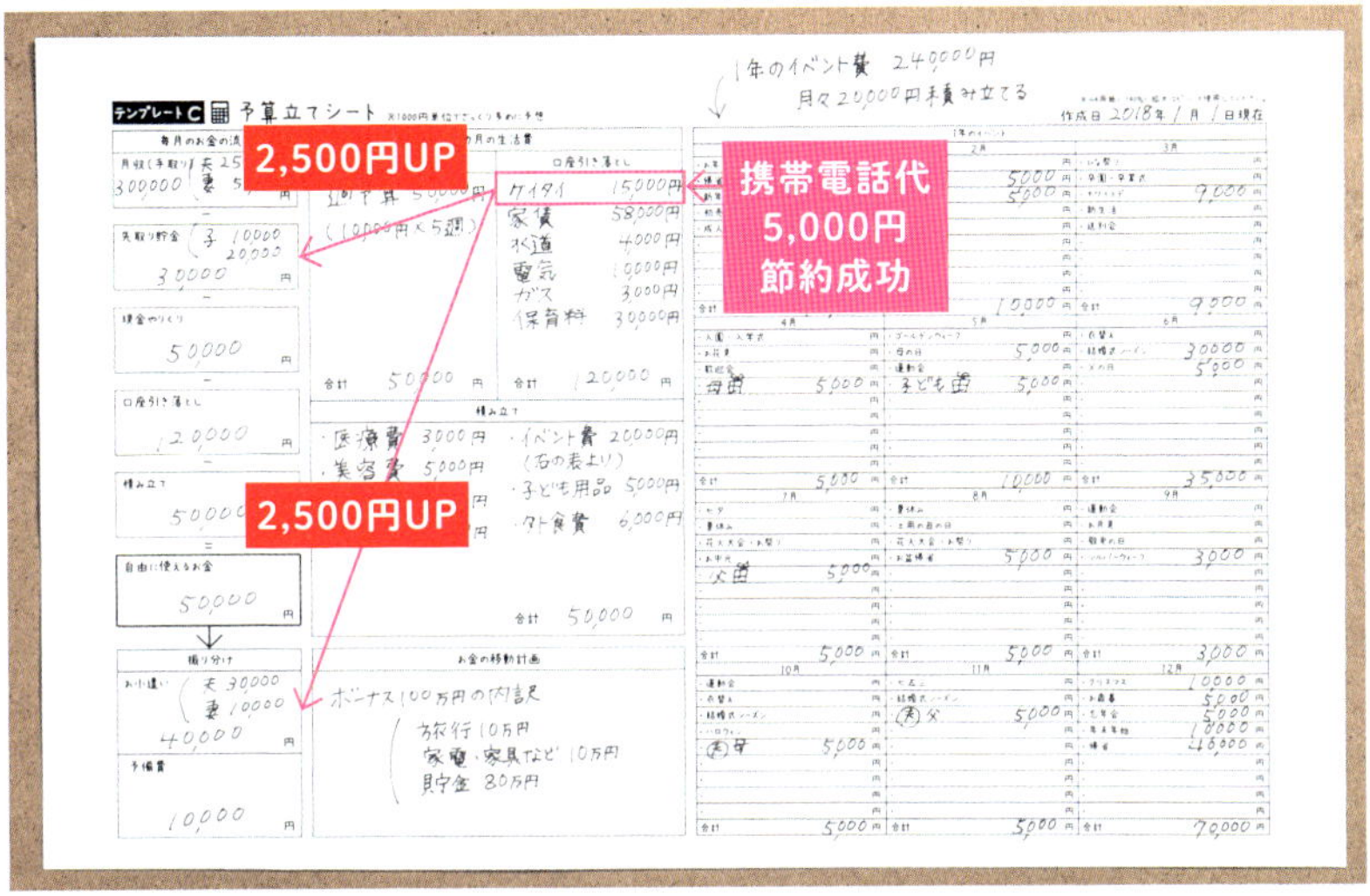

予算が足りない場合（週予算を1万円増やす）

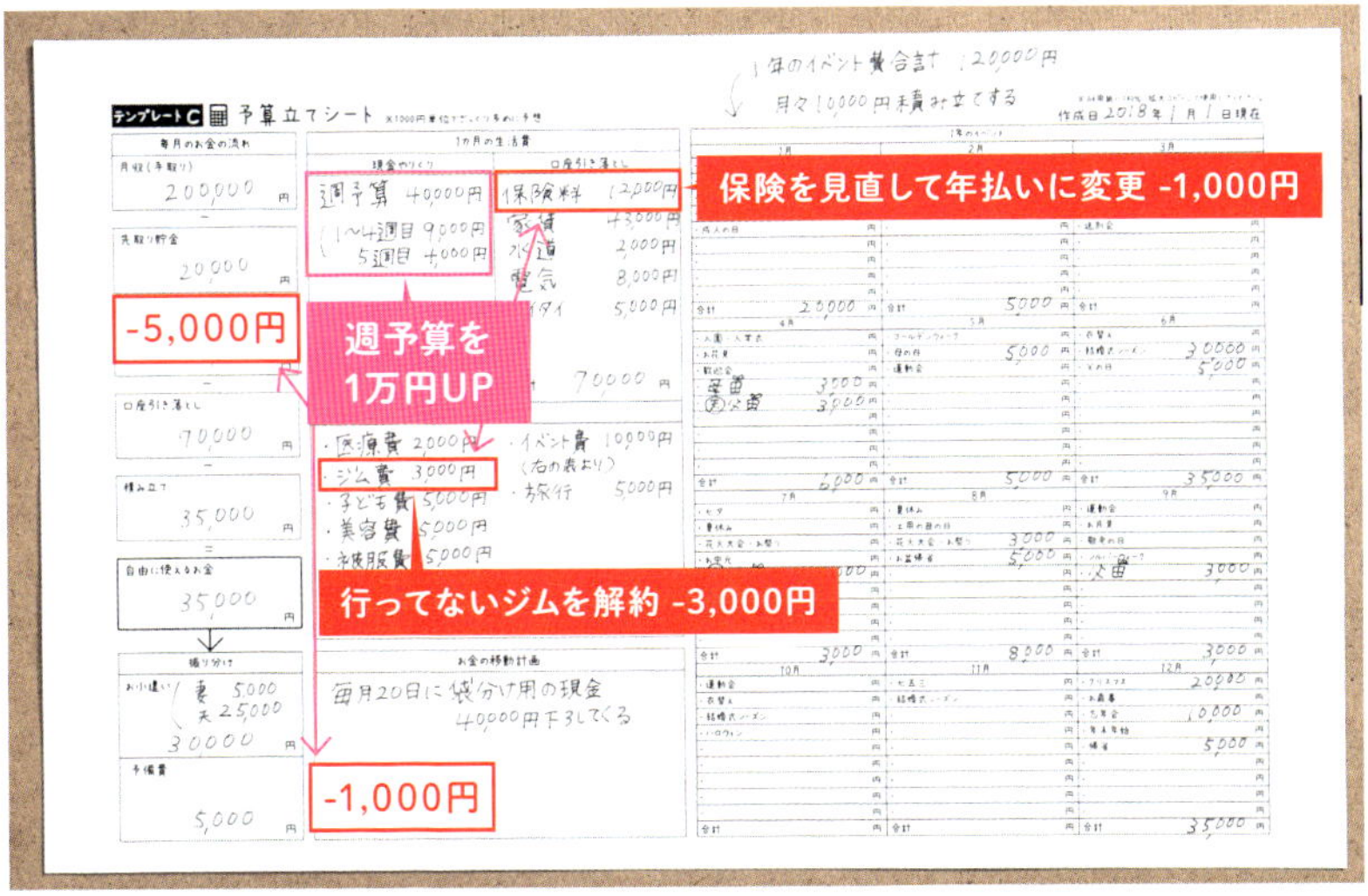

オリジナルの予算項目を立てよう！

家計管理や税金、保険関係などの本を読むとややこしい計算がたくさん出てきますよね。家計管理ってふたを開けると細かい計算が必要でとてもシビア。家計に余裕がないのに、細かく計算するのは現実を突きつけられる苦痛な作業です。

この予算立てをもっと楽しくできないかと考えた結果、オリジナル予算を作ることで解決しました。これで、つまらない予算の計算がワクワク希望を持てるものに一変。幸せの形は人それぞれです。自分にとって快適に過ごせる予算を立てましょう！

やり方はとてもカンタン。「今、困っていること」「今やりたいと思っていること」に対して予算を追加します。これなら、まさに自分の今にぴったりな家計管理ができます。

例えば、夫と息子が外出したときに「私の知らない出費が多くてイライラする」という場合には「夫と息子の外出費」を設定して、この予算内なら口出ししないと決めれば、自分もモヤモヤしなくていいですし、ご主人も奥さんの顔色をうかがわずに買い物できます。２人だけの外出が減ってきたら、予算をなくしてほかの予算を充実させてもいいですね。「夫と息子の外出費」なんて聞いたことのないオリジナル予算ですが効果は抜群！毎月の予算が組めなくても袋分けファイルにラベルを貼るだけでもいいですよ！

いいことだらけ！ オリジナルの予算項目の作り方

ケース1 夫が息子と外出しているときにいろんなものを買ってあげているようでイライラ

▶ 「夫と息子の外出費」を新たに袋分け

この予算内ならイライラしないと決めることで家庭も円満！

ケース2 ロボット掃除機が欲しい！

▶ 「ロボット掃除機積み立て」を新たに袋分け

いつごろ貯まるか、P20-21の「積立額＆貯金早見表」でチェック！
お金が貯まるまでにいろいろ情報を収集でき、買い物も失敗しない！

ケース3 家計に余裕がないけど、できるだけ子ども貯金をしてあげたい

▶ 「子ども貯金用」を新たに袋分け

毎月積み立てができなくても、臨時収入があったときや、やりくりを成功したときに入れることができる

Point

何に使いたいか明確なお金は、
貯められたときの感動もひとしお！

家計簿初心者さんも挫折組さんもカンタンだから続けられる!

袋分けファイル家計簿のはじめ方

ここまで詳しく予算の立て方について解説してきました。家計簿を3カ月以上書いたことがある人は、家計でどんな支出があるのか分かっているので、なんとなく「予算の考え方」について理解できると思います。ただ、これから家計管理をはじめるという方にとって予算立てはちょっと難しいのは事実。

そこで、袋分けファイル家計簿をどうはじめればいいのか、左ページにフローチャートを作ったので、ぜひ参考にしてください。

繰り返しになりますが、「収入ー支出」が黒字ならすでに貯金体質なのであれこれする必要はありません。まずは現状を把握しましょう! もし慌てて節約する必要がなければ、毎月の貯金簿と明細チェックで十分です。

ただ、貯金簿は銀行口座の合計を記録しているだけなので、もっと貯金額を増やしたいという場合は、逆算してこれから使うお金について意識する必要があります。基本の生活費を知る週予算からはじめて、細かく「収入ー支出」などの家計全体を見渡せる予算立てシートを作成すると、自在に家計を操れるようになりますよ。

月1回5分程度で書ける貯金簿だけでも「続けること」を意識すれば、いつでもどこからでも再開できます。お金が貯まる仕組みを理解して、「収入ー支出」が黒字になるように今、必要な方法を導入してください。

やること早分かり！　フローチャート

Start

巻末の現状見える化シート
（拡大コピーして使ってね）で
銀行口座と借金の合計額を
リストアップしてみてあなたはどちら？

慌てて節約しなくても
良さそう

→ 月1回の貯金簿
＋明細確認でOK

節約する必要あり

→ 月1回の貯金簿
＋袋分けをはじめよう

（節約を決心したら
いつでもこちらへ！ → 月1回の貯金簿＋袋分けをはじめよう）

【家計簿初心者さん】

→ 週予算＋予備費だけで
とりあえず袋分け開始！

→ これも積み立てしておく
と便利かも！と感じた
項目を随時追加

【家計簿を
つけたことがある人】

→ 家計の支出項目を
全部書き出して
平均化しよう

→ 予算立てシートで
実際に予算を
立ててみよう！

（慣れてきたらこちらに挑戦！ → 予算立てシートで実際に予算を立ててみよう！）

Column

節約より楽しい♪
金脈ルートを見つけ出そう！

収入を増やすのは難しいと感じてしまうと思いますが、「カンタンにラクして大金を稼ぐ」という極端な考えを捨てればそれほどハードルは高くありません。モノを売るためには❶売るものを用意する→❷ 知らせる→❸ 売るという行為が必要ですが、インターネットを使えばお金をかけずに、「知らせる→売る」の環境が整っているので、やることは「売るものを考える（お金をいただく理由を考える）」だけ！

- 家にある不用品を探す（本、CD、DVDなど）
- 自分が得意なものを商品にする（イラストを描く、DIY、ハンドメイドなど）

あなたがプロでなくても、資格や実績がなくても、たった1人欲しいと思う人とマッチングできれば、収入をアップさせることができる時代です。私には無理と決めつけないで、ぜひ勇気を出して収入UPも検討してみてください。節約よりも楽しいかもしれません♪

Part 3

実際にモニター3名がはじめた
袋分けファイル家計簿
Before→After

ケース1　一岐さん

育児休業中のため毎月赤字になった専業主婦の場合

ご主人のご両親と同居している一岐さん。結婚3年目にして昨年、双子の男の子を出産。それを機にそれまで勤めていた会社を休職し、育児に専念しているそう。

「かわいい子どもたちとの生活は、大変ですがとても充実しています。でも、それまで共働きだったので何とかなっていた家計が、休職で収入が減ったため、毎月10万〜20万円ほどの赤字に！　私はどちらかというとどんぶり勘定タイプで、共働きだったころは多少の使途不明金があっても赤字ではなかったのでよしとしていました。でも、それまでと同じ金銭感覚で過ごしていたら、どんどん貯金が減る一方で大変なことになっています」。

生活費に加え、一岐さんには大学時の奨学金の返済が３００万円以上あるほか、ご主人には趣味の車のために37万円の借金が。

「これから双子の教育費などにお金がかかってくる上、現在、将来的には家を建てたいと、実家近くに土地を購入しました。でも、夫婦そろってお金には無頓着で、今のままでは本当に家を建てられるのか、全然先の見通しが立ちません。お金のことを考えると将来が恐ろしいです……」。

これまで家計簿をつけたことがなく、家計管理もしてこなかったという一岐さん。今回をきっかけに家計のすべてを見直したいとモニターに応募してくれました。

一岐さん Profile

一岐（山梨県／現在休職中／28歳）

家族構成：夫（職業／29歳）、双子の男の子（1歳）、義父（自営業／50代）、義母（パートタイマー／50代）

月収：夫25万5,000円

貯金額もしくは借金額：貯金／約241万1,100円　借金／362万3,518円

家計管理で困っていること

- 双子が生まれたのだが、毎月赤字で悩んでいる
- 奨学金の返済や夫の借金がある
- 貯金の方法がわからない
- 何にいくら使っているか把握できない
- 毎月赤字でゆとりがないため、夫婦仲も最悪に

一岐さん宅の家計の現状

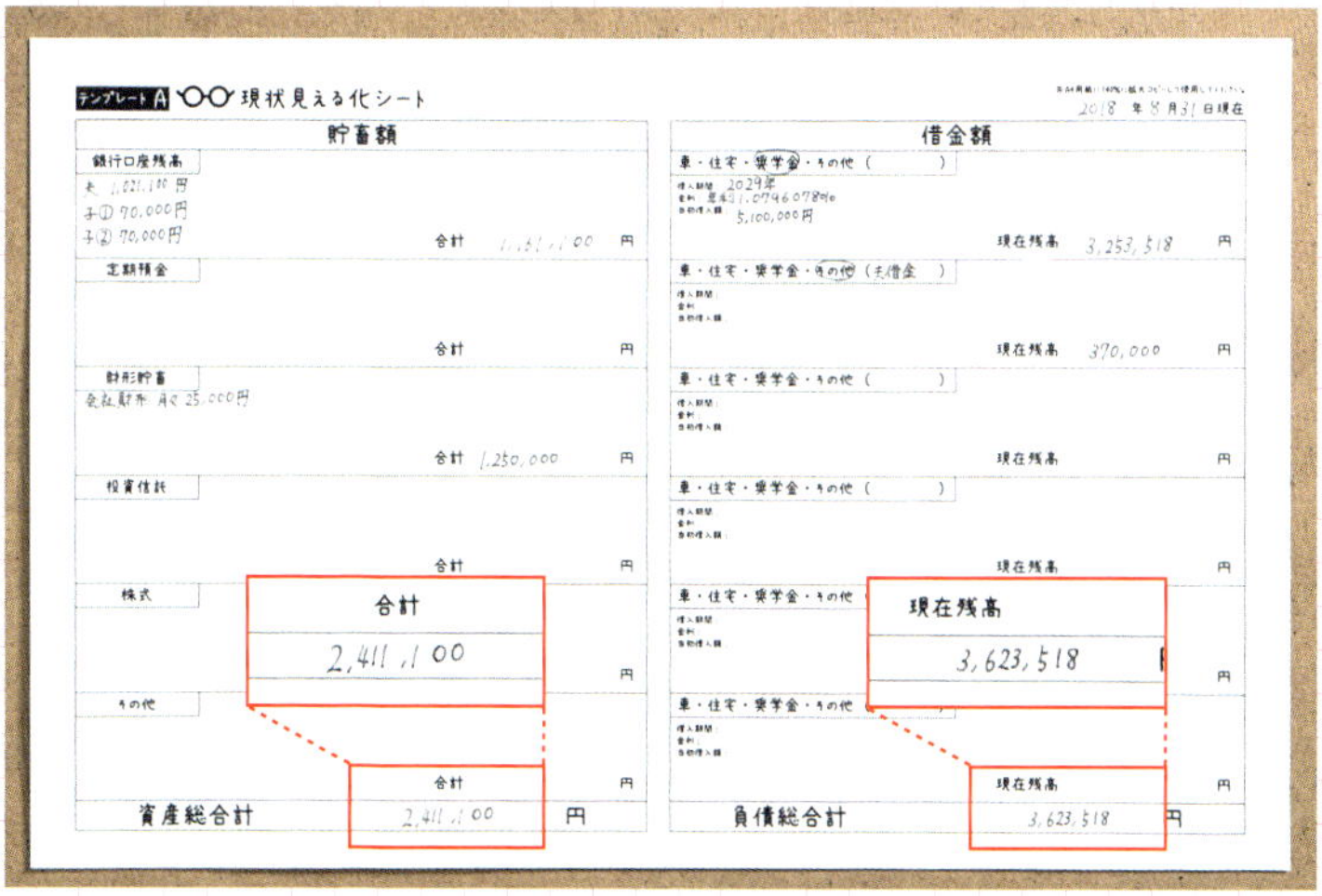
テンプレートA　現状見える化シート

2018 年 8 月 31 日現在

貯蓄額

項目	内容	合計
銀行口座残高	夫 1,021,100円 子① 70,000円 子② 70,000円	1,161,100 円
定期預金		円
財形貯蓄	会社財形 月々25,000円	1,250,000 円
投資信託		円
株式		円
その他		円
資産総合計		2,411,100 円

借金額

項目	内容	現在残高
車・住宅・奨学金・その他（　）	2029年 1.0796078% 5,100,000円	3,253,518 円
車・住宅・奨学金・その他（夫借金）		370,000 円
車・住宅・奨学金・その他（　）		円
車・住宅・奨学金・その他（　）		円
車・住宅・奨学金・その他（　）		円
車・住宅・奨学金・その他（　）		円
負債総合計		3,623,518 円

合計 2,411,100

現在残高 3,623,518

※A4用紙に140%に拡大コピーして使用してください。

作成日 2018 年 8 月 31 日現在

1年のイベント

1月			2月			3月		
・お年玉	8,000	円	・節分		円	・ひな祭り		円
・帰省		円	・バレンタイン	2,000	円	・卒園・卒業式	5,000	円
・新年会	5,000	円	・車検	100,000	円	・ホワイトデー	5,000	円
・初売り		円	・誕生日	3,000	円	・新生活		円
・成人の日		円	・		円	・送別会		円
・初詣	10,000	円	・		円	・誕生日	2,500	円
・		円	・		円	・夫散髪	3,000	円
・		円	・		円	・妻美容室	6,000	円
・		円	・	55,000円	円	・子ども美容室	6,000	円
合計	23,000	円	合計	~~105,000~~	円	合計	~~27,500~~	円

4月			5月			6月	21,500円	
・入園・入学式	5,000	円	・ゴールデンウィーク	10,000	円	・衣替え		円
・お花見	2,000	円	・母の日	5,000	円	・結婚式シーズン		円
・歓迎会	5,000	円	・運動会		円	・父の日	5,000	円
・愛犬薬	1,500	円	・自動車税	40,000	円	・愛犬ワクチン	10,000	円
・誕生日	3,000	円	・愛犬ワクチン	10,000	円	・愛犬薬	1,500	円
・		円	・愛犬薬	1,500	円	・夫散髪	3,000	円
・		円	・誕生日	2,000	円	・妻美容室	6,000	円
・		円	・		円	・子ども美容室	6,000	円
・		円	・		円	・	25,500円	円
合計	16,500	円	合計	68,500	円	合計	~~31,500~~	円

7月			8月			9月		
・七夕	5,000	円	・夏休み	10,000	円	・運動会		円
・夏休み	10,000	円	・土用の丑の日	1,000	円	・お月見		円
・花火大会・お祭り	2,000	円	・花火大会・お祭り	2,000	円	・敬老の日		円
・お中元		円	・お盆帰省		円	・シルバーウィーク	10,000	円
・誕生日	15,000	円	・誕生日	8,000	円	・愛犬薬	1,500	円
・愛犬薬	1,500	円	・愛犬薬	1,500	円	・夫散髪	3,000	円
・		円	・		円	・妻美容室	6,000	円
・		円	・		円	・子ども美容室	6,000	円
・		円	・		円	・	20,500円	円
合計	33,500	円	合計	22,500	円	合計	~~26,500~~	円

10月			11月			12月		
・運動会		円	・七五三	1,000	円	・クリスマス	15,000	円
・衣替え		円	・結婚式シーズン		円	・お歳暮		円
・結婚式シーズン		円	・愛犬薬	1,500	円	・忘年会	5,000	円
・ハロウィン				8,000	円	・年末年始		円
・愛犬薬	1,500				円	・帰省		円
・					円	・夫散髪	3,000	円
・					円	・妻美容室	6,000	円
・					円	・子ども美容室	6,000	円
・					円	・	29,000円	円
合計	1,500			10,500	円	合計	~~35,000~~	円

2年に一度なので
年50,000円に

ミニモ（サロンモデルとして無料や特別価格になるアプリ）を利用
夫3000円
一岐さん3000円
子ども3000円に

一岐さんの予算立てシート

テンプレートC 予算

毎月のお金の流れ

月収（手取り）
255,000円

−

先取り貯金
25,000円

−

現金やりくり
~~210,000~~ 129,500円

−

口座引き落とし
~~143,000~~ 99,000円

−

積み立て
~~55,000~~ 45,000円

=

自由に使えるお金
~~-178,000~~ -43,500円

↓

振り分け

お小遣い
夫 ~~5,000~~ 3,000円
妻 ~~0~~ 3,000円

一岐さんのお小遣いも設定しよう

予備費
0円

現金やりくり

一岐さんの生活費、夫婦食費、夫の食費で5万円以内になるように設定

妻生活費？ 3,000円
夫婦食費 ~~30,000円~~ 35,000円
夫食費？ 10,000円
夫借金 30,000円
水道 7,000円
電気 7,000円
ガス 2,000円
子ども離乳食費？ 10,000円

合計 ~~210,000~~ 129,000円

口座引き落とし

自宅WiFiや格安SIMを検討→10,000円に

携帯 12,000円
土地ローン 17,000円
ガソリン 17,000円
預金 5,000円
Amazon定期便 30,000円
夫生命保険 30,000円
妻生命保険 28,000円
医療費 4,000円

保険料が高すぎ！1人8,000円以下に

合計 ~~143,000~~ 99,000円

積み立て

イベント積立 ~~33,000円~~ 28,000円
自動車保険 7,000円
税金 ？
被服 ~~10,000円~~ 5,000円
固定資産税 5,000円

子ども服はキレイなうちにメルカリを活用

追加で
医療費（大人）9,000円
医療費（子ども）2,000円
パケット代3,000円
外食費5,000円
子ども用品費5,000円
愛犬費（エサ・薬代）1,500円

合計 ~~55,000~~ 45,000円

お金の移動計画

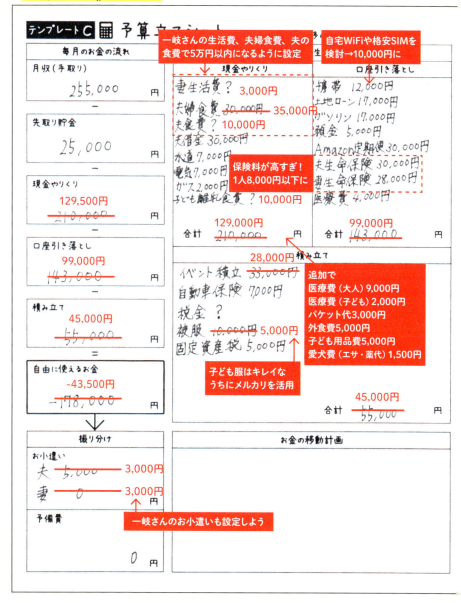

※A4用紙に140%に拡大コピーして使用してください。

6月	7月	8月	9月	10月	11月	12月
円	円	3,000 円	5,000 円	円	円	円
			予算3,000円から5,000円に変更			
円	円	30,000 円	30,000 円	円	円	円
				予算30,000円から35,000円に変更		
円	円	7,000 円	7,000 円	円	円	円
				予算7,000円から0円に変更		
円	円	30,000 円	30,000 円	円	円	円
円	円	3,000 円	3,000 円	円	円	円
円	円	7,000 円	7,000 円	円	円	円
円	円	7,000 円	7,000 円	円	円	円
円	円	2,000 円	2,000 円	円	円	円
円	円	12,000 円	10,000 円	円	円	円
			予算12,000円から10,000円に変更			
円	円	円	9,000 円	円	円	円
円	円	円	3,000 円	円	円	円
円	円	円	2,000 円	円	円	円
円	円	円	5,000 円	円	円	円
円	円	円	5,000 円	円	円	円

一岐さんの袋分け管理シート

テンプレートD ※毎月袋分けした時点の金額を記入

袋分け管理シート	前年12月	年1月	2月	3月	4月	5月
生活費 5,000円/月	円	円	円	円	円	円
夫婦食費 35,000円/月	円	円	円	円	円	円
夫食費 0円/月	円	円	円	円	円	円
夫借金費 30,000円/月	円	円	円	円	円	円
妻小遣い費 3,000円/月	円	円	円	円	円	円
水道費 7,000円/月					円	円
電気費 7,000円/月	円	円	円	円	円	円
ガス費 2,000円/月	円	円	円	円	円	円
子ども離乳食費 10,000円/月	円	円	円	円	円	円
医療費 9,000円/月	円	円	円	円	円	円
パケット費 3,000円/月	円	円	円	円	円	円
医療(子ども)費 2,000円/月	円	円	円	円	円	円
外食費 5,000円/月	円	円	円	円	円	円
子ども用品費 5,000円/月	円	円	円	円	円	円

実際にやってみて、足りなかったり、多すぎたら1カ月後に調整すればOKなのでカンタン！

アドバイス❶
保険を見直すポイント

「持病があるからできるだけ保険には入っておきたい」など、保険に対する考え方は家庭ごとに違うので見直しにくいもの。ただ、保障内容を手厚くすれば保険料が上がり、家計を圧迫してしまいます。

予算立てシートで、「保険料が高いかな？」と感じたときが見直しどき。今よりもっといい保険商品が出ている場合もあります。保険の内容を見直し、ファイナンシャルプランナーさんに相談するのもおすすめです。

ポイントは、何歳にいくら、入院時にいくらと点で見るのではなく、自分の一生として線で見ることです。具体的には左のシートのように年間支払い額と総額、いつまで払うのかを一覧にしてみましょう。保険料が高ければ、収入から保険料を引いた残りのお金で家計管理をすることになるので、家計が苦しくなるのは当然です。

保険はもしものときに安心ですが、掛けたお金が自由に引き出せないこと、条件に合わなければ掛けたお金が消滅してしまうことが大きいデメリットです。受け取るまでの家計状況が苦しくならないか、チェックしてみましょう。

結局、家計の結果は、自分の小さな判断の連続が作っています。袋分けで先を見通して家計管理していると、人生の途中で困ることが確実に減っていきますよ。

保険の見直し考え方

	年齢			保険契約一覧				
				ダンナさん		一岐さん		
	ダンナさん	一岐さん	お子さん	収入保障保険	医療終身	低解約終身	医療終身	年間保険料合計
2018年	29歳	28歳	1歳	84,000	[illegible]	144,000	180,000	552,000
2019年	30歳	[illegible]	[illegible]	[illegible]	[illegible]	144,000	[illegible]	552,000
2020年	31歳	[illegible]	[illegible]	[illegible]	[illegible]	[illegible]	180,000	552,000
2021年	32歳	[illegible]	[illegible]	[illegible]	[illegible]	[illegible]	180,000	552,000
2022年	33歳	[illegible]	[illegible]	[illegible]	[illegible]	144,000	180,000	552,000
2023年	34歳	[illegible]	[illegible]	[illegible]	[illegible]	144,000	180,000	552,000
2024年	35歳	[illegible]	[illegible]	[illegible]	[illegible]	144,000	180,000	552,000
2025年	36歳	[illegible]	[illegible]	[illegible]	[illegible]	144,000	180,000	552,000
2026年	37歳	[illegible]	[illegible]	[illegible]	[illegible]	144,000	180,000	552,000
2027年	38歳	37歳	10歳	84,000	[illegible]	144,000	180,000	552,000
2028年	39歳	38歳	11歳	84,000	[illegible]	144,000	180,000	552,000
[illegible]	[illegible]	[illegible]	12歳	84,000	144,000	144,000	180,000	552,000
[illegible]	[illegible]	[illegible]	13歳	84,000	144,000	144,000	180,000	552,000
[illegible]	[illegible]	[illegible]	14歳	84,000	144,000	[illegible]	180,000	552,000
[illegible]	[illegible]	[illegible]	15歳	84,000	144,000	[illegible]	180,000	552,000
[illegible]	[illegible]	[illegible]	16歳	84,000	144,000	[illegible]	180,000	552,000
[illegible]	[illegible]	[illegible]	17歳	84,000	144,000	[illegible]	180,000	552,000
[illegible]	[illegible]	[illegible]	18歳	84,000	144,000	144,000	180,000	552,000
[illegible]	[illegible]	[illegible]	19歳	84,000	144,000	144,000	180,000	552,000
[illegible]	[illegible]	[illegible]	20歳	84,000	144,000	144,000	180,000	552,000
2038年	49歳	48歳	21歳	84,000	144,000	144,000	[illegible]	552,000
2039年	50歳	49歳	22歳	84,000	144,000	144,000	[illegible]	552,000
2040年	51歳	50歳	23歳	84,000	144,000	144,000	[illegible]	552,000
2041年	52歳	51歳	24歳	84,000	144,000	144,000	[illegible]	552,000
…	…	…	…	…	…	…	…	…
			合計	3,360,000	4,896,000	4,176,000	6,120,000	18,552,000

加入している保険と
年間いくら支払っているのか、
合計いくら払うのかを
計算してみよう

学費がかかる
時期がピンチ!
500万円以上が
保険料に!

これから払うお金
18,552,000円

保険料をそっくりそのまま貯金していたら、
まったく違う人生になる可能性も合わせて考えよう!
一岐さんの場合、月6万円の保険料が
大幅な赤字の原因になっているので、**見直す必要あり!**

ケース1　一岐さん

1カ月やってみて

まず、実際に現状見える化シートや予算立てシートを書いてみて、危機感を感じたという一岐さん。

「ぼんやりと危機感は感じていましたが、自分たちの貯蓄額と借金額、予算の内訳などを数字で見ると、あらためて自分たちの家計の状況がよく分かってよかったです」。

今回、銀行口座を確認した際、休眠口座があったので、それを解約して口座を整理していただきました。それを差し引いても約４万円近く貯金できたことになります。予算立てシートの「自由に使えるお金」の欄はまだ赤字ですが、この予算で袋分けをすれば確実に赤字の金額は減っていきます。

一岐さん夫婦は、生命保険に重きをおいている状況でしたが、現状では保険料にお金がかかりすぎです。ご主人と話し合われて、現在もっと安くていい商品を検討していただいています。また、携帯電話代も自宅ＷｉＦｉや格安ＳＩＭにできればかなり節約できます。これも長い目で見て検討しましょう。

ほか、大きな改善点としては、ご主人の散髪代や一岐さんの美容室代、子どもたちの美容室代です。これはモデルとして無料や格安で施術が受けられるお店を探せるアプリ「ミニモ」などを利用して、お得に節約を。一岐さんのお小遣いがなかったので、きちんと設定することも大切です。

一岐さんの貯金結果は？

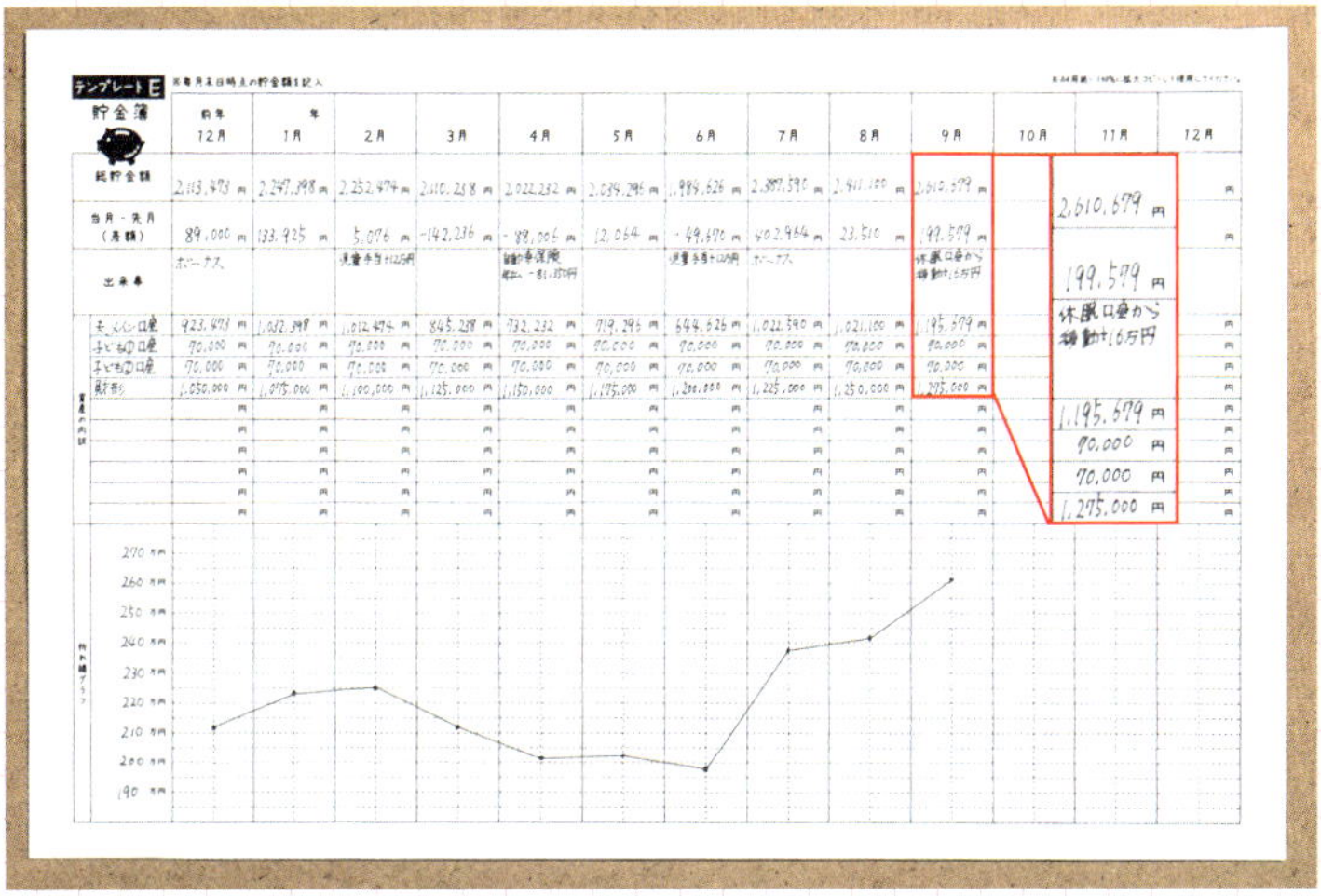

テンプレートE 貯金簿

※毎月末日時点の貯金額を記入

	前年 12月	1月	2月	3月	4月	5月	6月	7月	8月	9月	10月	11月	12月
総貯金額	2,113,493円	2,247,398円	2,252,474円	2,110,238円	2,022,232円	2,034,296円	1,984,626円	2,387,590円	2,411,100円	2,610,679円			円
当月－先月（差額）	89,000円	133,925円	5,076円	-142,236円	-88,006円	12,064円	-49,670円	402,964円	23,510円	199,579円			円
出来事	ボーナス		児童手当+12万円		自動車保険		児童手当+12万円	ボーナス		休眠口座から移動+16万円			
夫 メイン口座	923,493円	1,032,398円	1,012,474円	845,238円	732,232円	719,296円	644,626円	1,022,590円	1,021,100円	1,195,679円			円
子ども①口座	70,000円	70,000円	70,000円	70,000円	70,000円	70,000円	70,000円	70,000円	70,000円	70,000円			円
子ども②口座	70,000円	70,000円	70,000円	70,000円	70,000円	70,000円	70,000円	70,000円	70,000円	70,000円			円
財形	1,050,000円	1,075,000円	1,100,000円	1,125,000円	1,150,000円	1,175,000円	1,200,000円	1,225,000円	1,250,000円	1,275,000円			円

やってみてココがよかった！

- 自分たちの家計に危機感がもてた！
- 予算分けさえできれば、あとはラク！
- ムダ遣いが減った！
- 袋分けファイル内なら貸し借りOKなので、一つの予算がオーバーしても気がラク！

ケース２　ＹＳＪさん
夫婦別財布で管理があいまいな共働き家庭の場合

　結婚９年目でお子さんが２人いるＹＳＪさん。夫婦別財布が原因で、貯金がなかなかできないといいます。

「結婚する前から同棲をしていたため、生活費はお互いに半分ずつ負担し、あとは各自管理というスタイルをとっていました。結婚後は、すぐに妊娠したために仕事を辞め、３年ほどは私が家計管理の担当に。その後、私が再就職してからは、引き落とし関係はすべて夫の口座に設定し、残りは私の給与からというスタイルに変わり、今に至っています」。

　２０１２年にご主人の転職を機に、ご主人の実家のある沖縄に移住されたＹＳＪさん。

「沖縄は収入が低いわりに物価は比較的高めなので意識しないとすぐに予算オーバーになってしまいます。夫はあればあるだけ使ってしまうタイプで、趣味がスポーツなのですが、プロテイン代や大会費などで結構お金がかかります。実家をリフォームしようという話もあるのですが、予算もないので具体的にはまったく話は進んでいません」。

　実は、１日１行タイプの家計簿をつけたことがあるＹＳＪさん。

「ノート１冊ではじめられてカンタンそうでしたが、１日遅れてしまうとペースが乱れ、３カ月くらいで続かなくなりました。こんな私でも大丈夫でしょうか？」。

　もちろん袋分けなら大丈夫ですよ！

YSJさん Profile

YSJ（沖縄県／会社員／30代）

家族構成：夫（会社員／35歳）、長男（7歳）、長女（5歳）

月収：夫15万円、妻14万円＋児童手当2万円

貯金額もしくは借金額：178万9,925円

家計管理で困っていること

- 夫とは別財布で、貯金がまったくできない
- 家計簿が続かない
- 自分のずぼらな性格と、夫の浪費グセ
- 家のリフォーム代と子ども2人の教育資金を貯めたい！

YSJさん宅の家計の現状

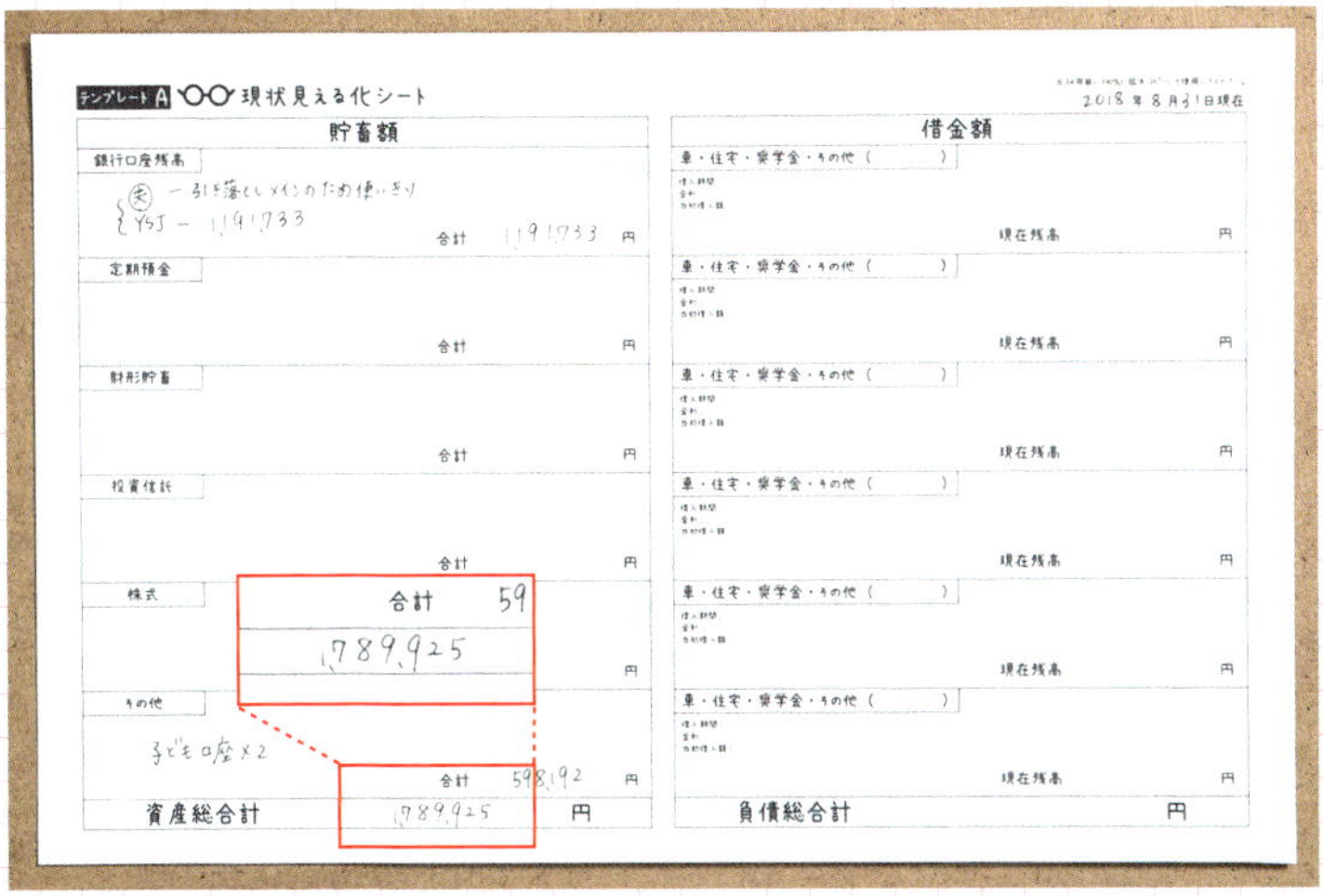

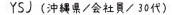

※A4用紙に140%に拡大コピーして使用してください。

6月	7月	8月	9月	10月	11月	12月
1,425,415円	1,369,616円	1,348,258円	1,490,905円	1,438,135円	1,472,202円	1,371,296円
-96,695円	-55,799円	-21,358円	142,647円	-52,770円	34,067円	-100,906円
9月 帰省旅費 引き落とし		お中元 マンゴー 送付		年末 帰省旅費 引き落とし		忘年会 帰省準備
879,223円	823,424円	802,066円	944,713円	891,943円	926,010円	825,104円
546,192円	546,192円	546,192円	546,192円	546,192円	546,192円	546,192円
円	円	円	円	円	円	円
円	円	円	円	円	円	円
円	円	円	円	円	円	円
円	円	円	円	円	円	円
円	円	円	円	円	円	円
円	円	円	円	円	円	円
円	円	円	円	円	円	円
円	円	円	円	円	円	円

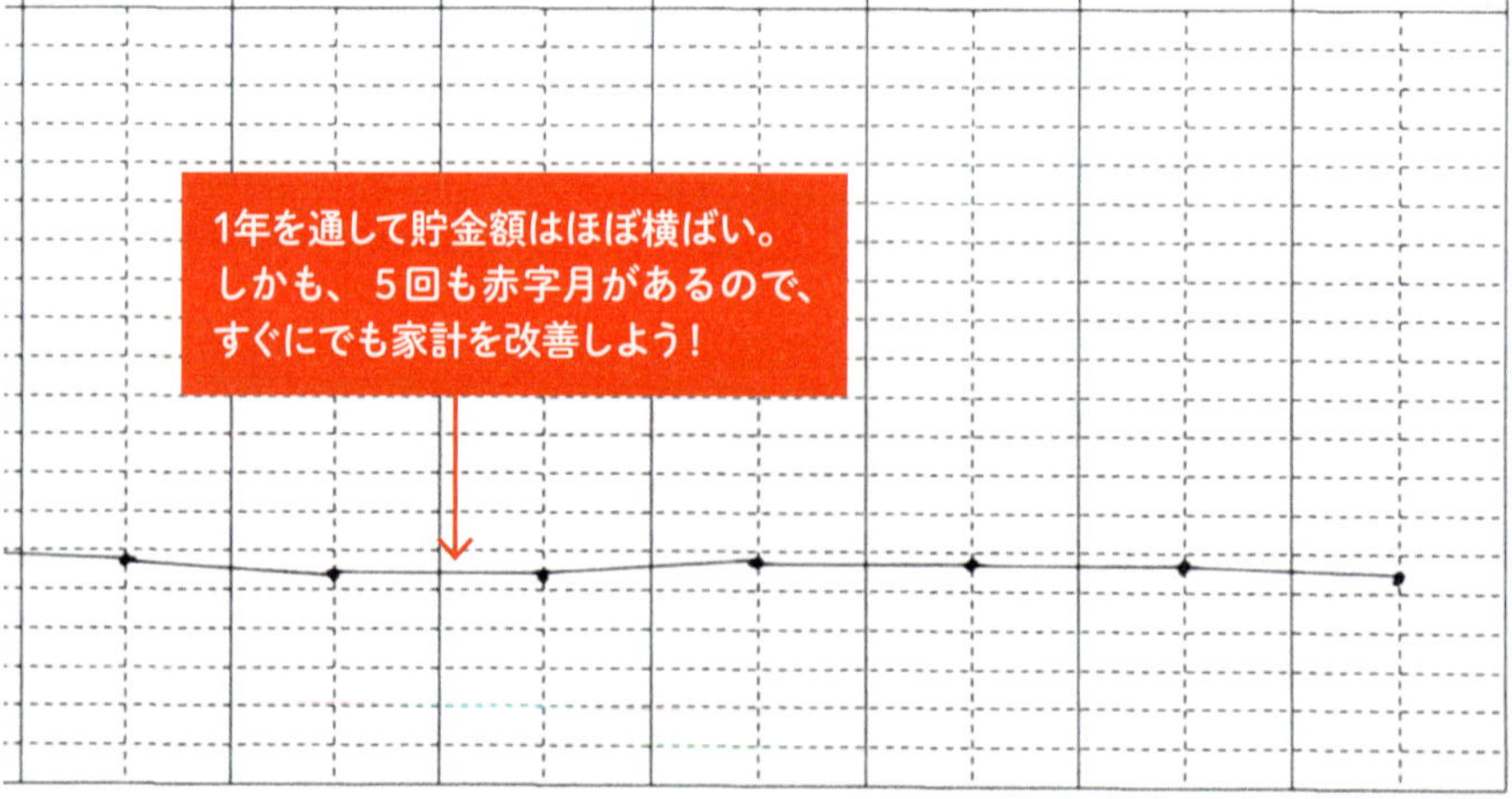
1年を通して貯金額はほぼ横ばい。
しかも、５回も赤字月があるので、
すぐにでも家計を改善しよう！

●YSJさんの昨年の貯金簿

テンプレートE 貯金簿

※毎月末日時点の貯金額を記入

	前年 12月	2017年 1月	2月	3月	4月	5月
総貯金額	1,325,904円	1,386,192円	1,396,192円	1,416,192円	1,442,058円	1,519,110円
当月－先月（差額）	円	60,288円	10,000円	20,000円	25,866円	77,052円
出来事						
資産の内訳 普通預金	838,712円	840,000円	850,000円	870,000円	895,866円	972,918円
〃（子ども）	487,192円	546,192円	546,192円	546,192円	546,192円	546,192円
	円	円	円	円	円	円
	円	円	円	円	円	円
	円	円	円	円	円	円
	円	円	円	円	円	円
	円	円	円	円	円	円
	円	円	円	円	円	円
	円	円	円	円	円	円
	円	円	円	円	円	円

「当月－先月」の合計額42,392円÷12カ月＝3,532円が昨年の平均貯金額。この平均貯金額に＋1万円した13,532円がYSJさんの目標貯金額。今回はキリのいい13,000円を先取り貯金額に設定しました

折れ線グラフ

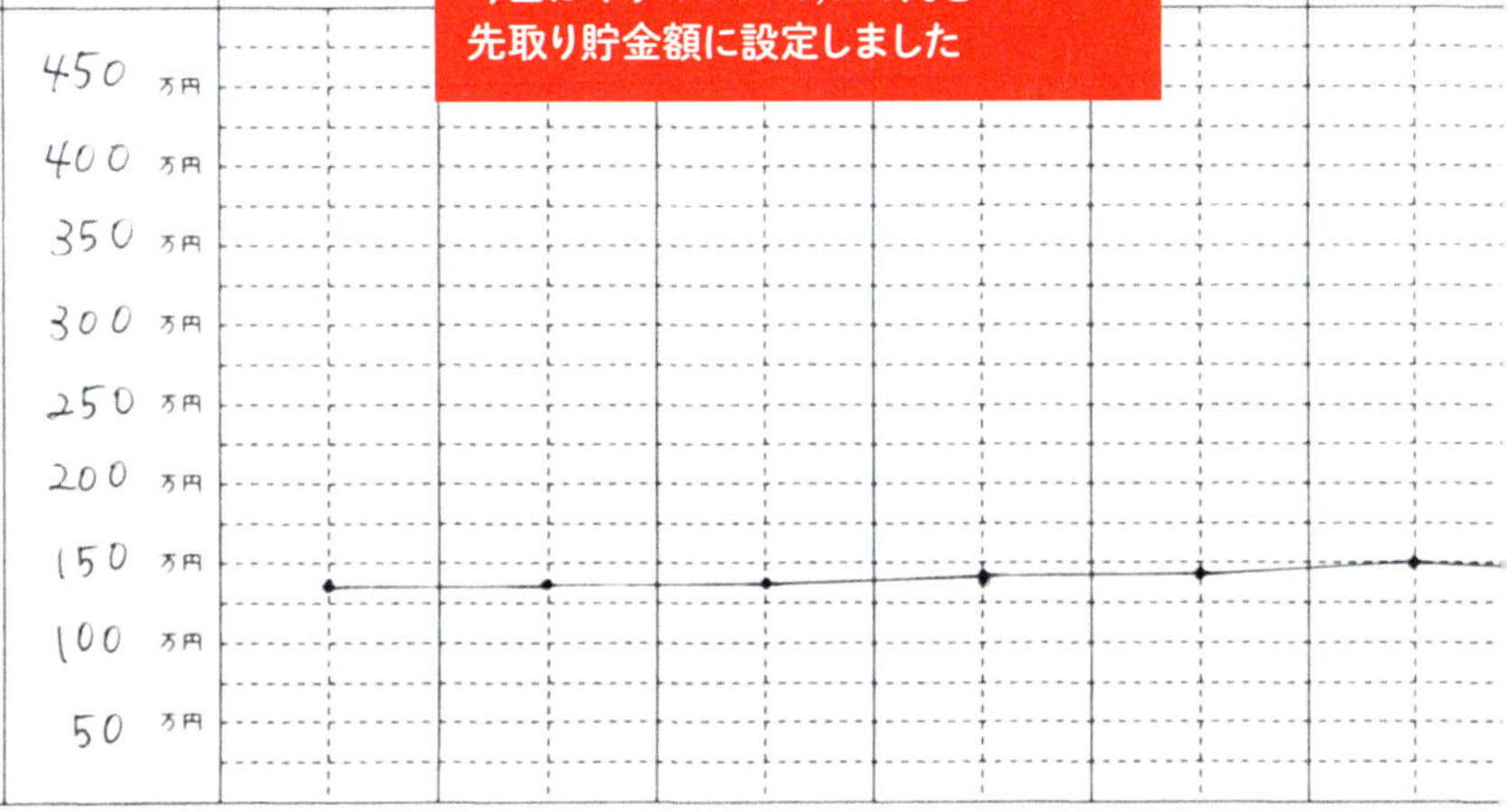
450万円
400万円
350万円
300万円
250万円
200万円
150万円
100万円
50万円

※A4用紙に140%に拡大コピーして使用してください。

作成日 2018 年 8 月 31 日現在

1年のイベント

1月		2月		3月	
・お年玉	円	・節分	円	・ひな祭り	円
・帰省	円	・バレンタイン	2,000 円	・卒園・卒業式	円
・新年会	5000 円	・	円	・ホワイトデー	2,000 円
・初売り	円	・	円	・新生活	円
・成人の日	円	・	円	・送別会	6,000 円
・夫誕生日	1,500 円	・	円	・	円
・	円	・	円	・	円
・	円	・	円	・	円
・	円	・	円	・	円
合計	6,500 円	合計	2,000 円	合計	8,000 円
4月		**5月**		**6月**	
・入園・入学式	円	・ゴールデンウィーク	3,000 円	・衣替え	円
・お花見	円	・母の日	5,000 円	・結婚式シーズン	円
・歓迎会	円	・運動会	円	・父の日	3,000 円
・長女誕生日	10,000 円	・ビーチパーティー	3,000 円	・	円
・	円	・	円	・	円
・	円	・	円	・	円
・	円	・	円	・	円
・	円	・	円	・	円
・	円	・	円	・	円
合計	10,000 円	合計	11,000 円	合計	3,000 円
7月		**8月**		**9月**	
・七夕	円	・夏休み	円	・運動会	3,000 円
・夏休み	円	・土用の丑の日	円	・お月見	円
・花火大会・お祭り	円	・花火大会・お祭り	円	・敬老の日	円
・お中元	円	・お盆帰省	円	・シルバーウィーク	円
・	円	・イSJ誕生日	1,500 円	・	円
・	円	・	円	・	円
・	円	・	円	・	円
・	円	・	円	・	円
・	円	・	円	・	円
合計	円	合計	1,500 円	合計	3,000 円
10月		**11月**		**12月**	
・運動会	3,000 円	・七五三	円	・クリスマス	15,000 円
・衣替え	円	・結婚式シーズン	15,000 円	・お歳暮	円
・結婚式シーズン	30,000 円	・	円	・忘年会	4,000 円
・ハロウィン	円	・	円	・年末年始	円
・長男誕生日	10,000 円	・	円	・帰省	円
・	円	・	円	・マラソン大会	10,000 円
・	円	・	円	・トレイルラン大会	13,000 円
・	円	・	円	・	円
・	円	・	円	・	円
合計	43,000 円	合計	15,000 円	合計	42,000 円

●YSJさんの予算立てシート

テンプレートC 予算立てシート ※1000円単位でざっくり多めに予

毎月のお金の流れ

月収（手取り）児童手当 月2万(含)
310,000 円

－

先取り貯金
13,000 円

－

現金やりくり
56,000円
~~46,000~~ 円

－

口座引き落とし
181,000円
~~199,000~~ 円

－

積み立て
28,000 円

＝

自由に使えるお金
32,000円
~~24,000~~ 円

↓

振り分け

お小遣い
（夫 ~~10,000~~ 15,000円
YSJ ~~7000~~ 10,000円
~~17,000~~ 円
25,000円

予備費
7000 円

1カ月の生活費

できれば保険は夫婦で10,000円以下に

現金やりくり

週予算 32,000
（①～④ 7,000
⑤ 4,000
小学校・保育園集金 4,000
ガソリン 5,000
模合 5,000
外食費を追加 10,000円
合計 56,000円 ~~46,000~~ 円

口座引き落とし

家賃 66,000
電気ガス 12,000
保育園 20,000
学童 17,000
スイミング 13,000
携帯 ~~10,000~~
給食 6,000
コンタクト 6,000
子ども学資 医療保険 25,000
夫婦保険 24,000
合計 181,000円 ~~199,000~~ 円

自宅WiFiや格安SIMで6,000円に

積み立て

イベント費 13,000
家電 1,000
（ボーナス 10,000）
衣服 2,000
医療 2,000
（ボーナス 5000）
美容 2,000
自動車・火災保険 6,000
レジャー 2,000
（ボーナス 5000）
合計 28,000 円

お金の移動計画

帰省代
ボーナス 10万×2（夏・冬）
車検代
ボーナス 5万×2（夏・冬）

残りのボーナス約80万円（見込み）はすべて貯金

※A4用紙に140%に拡大コピーして使用してください。

6月	7月	8月	9月	10月	11月	12月
円	円	66,000円	66,000円	円	円	円
円	円	12,000円	12,000円	円	円	円
円	円	32,000円	32,000円	円	円	円
円	円	4,000円	4,200円	円	円	円
円	円	5,000円	5,000円	円	円	円
円	円	5,000円	5,000円	円	円	円
円	円	7,000円	10,000円	円	円	円
円	円	13,000円	24,000円	円	円	円
円	円	1,000円	2,000円	円	円	円
円	円	2,000円	10,000円	円	円	円
→			↳予防接種用にプラス6,000円			
円	円	2,000円	4,000円	円	円	円
円	円	2,000円	2,000円	円	円	円
円	円	2,000円	2,000円	円	円	円
円	円	6,000円	12,000円	円	円	円

●YSJさんの袋分け管理シート

テンプレートD ※毎月袋分けした時点の金額を記入

袋分け管理シート	前年 12月	年 1月	2月	3月	4月	5月
家賃・水道費 66000円/月	円	円	円	円	円	円
電気・ガス費 12000円/月				円	円	円
やりくり費 32000円/月	円	円	円	円	円	円
学校集金費 4000円/月	円	円	円	円	円	円
ガソリン費 5000円/月	円	円	円	円	円	円
模合費 5000円/月			円	円	円	円
予備費 7000円/月	円	円	円	円	円	円
イベント費 13000円/月	円	円	円	円	円	円
家電費 1000円/月	円	円	円	円	円	円
医療費 2000円/月	円	円				円
レジャー費 2000円/月	円	円				円
衣服費 2000円/月	円	円	円	円	円	円
美容費 2000円/月	円	円	円	円	円	円
保険関係費 6000円/月	円	円	円	円	円	円

高額になる家賃・水道代は、口座から引き落としがおすすめ

模合は沖縄ならではの飲み会を利用した助け合いシステム

予算は足りないと感じたら、すぐに増額して調整でき、このシートで管理できるのもメリット

アドバイス❷
ふるさと納税は予算に入れる？

　予算立てシートを眺めていると「これも予算に入れた方がいい？」と頭が混乱してきますよね。複雑に感じるかもしれませんが、家計管理はとてもシンプル。予算立てシートは「収入ー貯金＝支出」の中の「家計の支出全体を把握して、ムダを減らす・使いすぎない」という目的のためにやっています。

　ふるさと納税は、決してムダ遣いではないので、そのまま貯金やボーナスから出してもOKです。

　今、自分が次のどれをやろうとしているのか考えることで、予算に入れるべきかどうかわかりますよ。

● 収入を増やす→予算とは別に意識
● 支出のムダを減らす→予算見直し・袋分けで予算を意識
● 貯金を活用する→予算とは別に意識

　ふるさと納税は、「貯金を活用する」ことなので、予算を気にせずどんどん挑戦してください。ふるさと納税の返礼品を食べ物にすれば、その分週予算を節約できるので、食費の節約にも効果ありです！

　節約に関しては、予算立てシートを試行錯誤することで解決できますが、収入を増やすこと、貯金を活用することは予算立てシートを眺めていてもできません。日々の節約は袋分けに任せて、収入UPや貯まったお金を活用することにも目を向けていきましょう。

お得なふるさと納税

ふるさと納税とは…

実質負担2,000円で応援したい自治体に寄付すると、地域の特産物が返礼品としてもらえる仕組みのこと

メリット 1 ……応援したい自治体に寄付ができる

メリット 2 ……お礼の品がもらえる

メリット 3 ……寄付金の使い道が指定できる

メリット 4 ……所得税と住民税から控除される

予算立てシートの目的

- 各項目に無理のない節約の努力・目標を立てること
- 収入の内訳・バランスを見ること

ふるさと納税の対処方法は?

1. 予算立てシートでゆとりがあれば、「ふるさと納税積み立て」をする
2. ムダ遣い・浪費ではないので、気にせず貯金やボーナスから出す

Approach

ケース2　ＹＳＪさん

1カ月やってみて

92〜93ページにあるように、まず昨年分の貯金簿を作り、自分たちの貯金額を算出したＹＳＪさん。このことでほぼ横ばいだった貯金額を実感したそう。

「さらに予算立てシートを書いてみて、別財布だった夫のお金管理もかなりずさんだったことが判明しました。もっと早く実践しとけば……と2人で反省しています！」。

昨年の貯金簿の「当月ー先月」の平均額は３５３２円でした。そこに1万円をプラスして、先取り貯金は1万３０００円に決定。

ちなみに、予算立てシートにある「模合」とは、沖縄地方特有の金銭的相互扶助の習慣。毎月グループ内で一定の金額を出し合って、そのお金を順番に受け取るシステムで、これを口実に集まって飲み、コミュニケーションを取るのが目的といわれています。こういうお金は決してムダではないので、きちんと予算に組んでおくことが大切です。

「実際にやってみて、月末に臨時出費が発生したのですが、袋分けファイル内のやりくりで切り抜け、先取り貯金は死守。袋分けをはじめる前のカードの引き落とし分があったので貯金できた額はあまり多くはありませんが、**このまま続けることで増やしていける！と実感しています。**ずぼらな私には記録を残すのが月1回というのも続けられるポイントです！」。

YSJさんの貯金結果は？

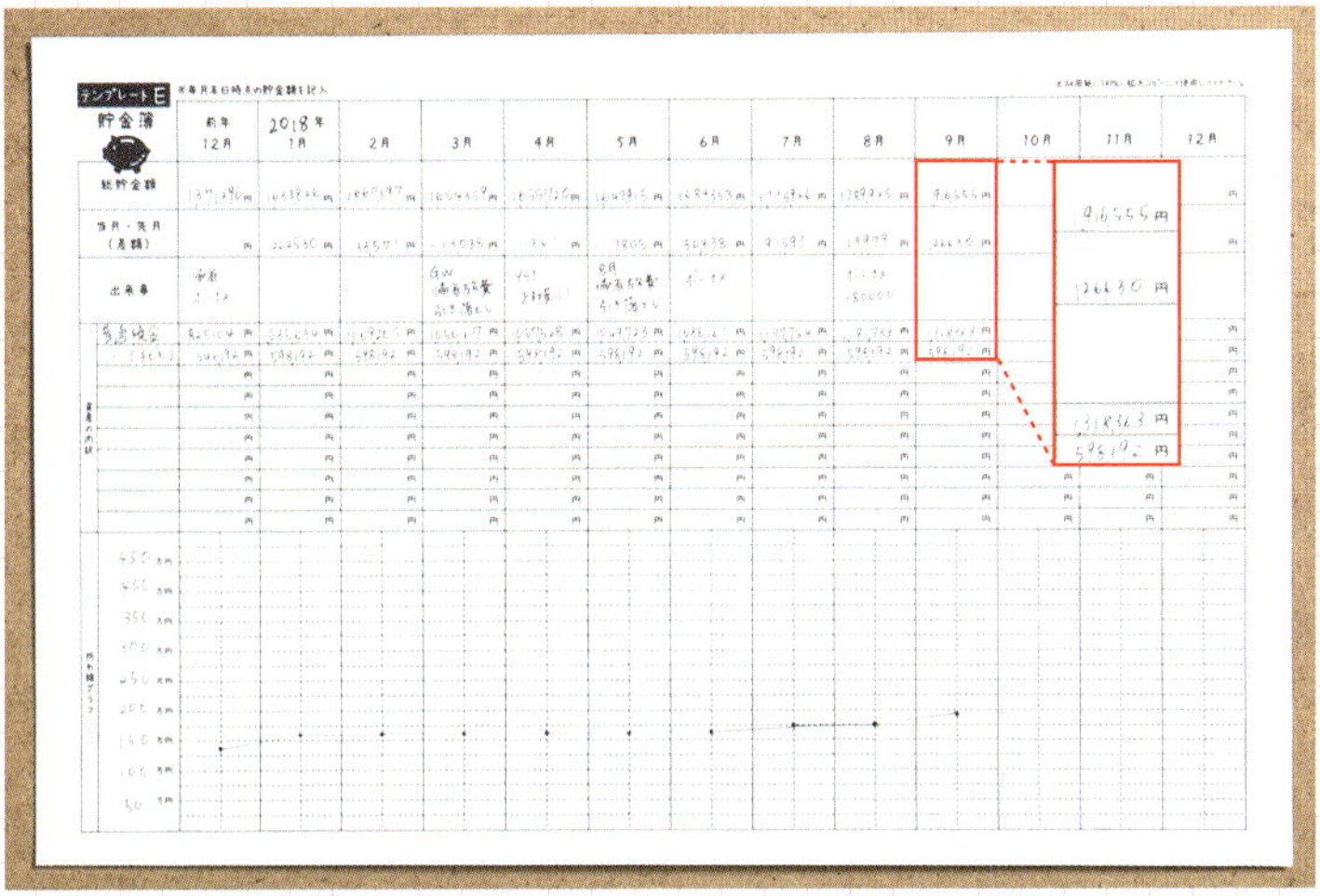

やってみてココがよかった！

- 銀行に行く手間がかからない（以前は週1ペースでお金を下ろしていたので、罪悪感があった）
- 夫婦間でお金の話ができるようになった！
- 夫のお金管理に対する意識が変わった！
- カンタンなのに、家計管理がちゃんとできているという事実！
- 固定費を見直すきっかけになった

ケース3　真琴さん
家計簿の挫折を繰り返すパート主婦の場合

結婚6年目の真琴さんは、これまでに何回も家計管理をなんとかしようと、家計簿をつけては挫折を繰り返してきたそう。

「使った金額を書くタイプの一般的な家計簿は、3日坊主を何度も繰り返してきました。そのほか、面倒くさがりやでも続けられるとか、楽しく貯まるなどと話題となった家計簿をいろいろやってみましたが、途中で飽きたり、記録の時間がとれず、3カ月以上続いたことがありません。でも、来年娘が小学生になるので、何とかして今後のために貯金をしておきたいとモニターに応募しました」。

真琴さん夫婦は、別財布でお金を管理。

「結婚当時は特に話し合いもせずに私が家計管理をすることになったのですが、出産後に自分の貯金をほとんど使ってしまい、不安になって職業訓練学校へ。しかし、家事と育児に通学のストレスでパチンコにはまってしまい、夫の貯金まで減らすことに。その結果、夫に『なんでこんなに減ってるの？』と責められ、『今後は自分の収入は自分で管理しよう』と別財布に。固定費と大きなお金がかかるときは夫が支払い、それ以外は別々になっています。家計管理のことで相談すると、夫が不機嫌になってケンカになってしまうので、ちゃんとしたお金に関する話し合いはできない状態です。ｈａｎａさんの袋分けで、風通しのいい家計管理を目指したいです！」。

真琴さん Profile

真琴（東京都／介護職のパート／30歳）

家族構成：夫（会社員／30歳）、長女（6歳）、長男（2歳）

月収：夫／約30万円、真琴さん／約9万円～11万円

貯金額もしくは借金額：真琴さんの分は6,782円。夫の貯金は250万円くらい

家計管理で困っていること

- 家計簿を実践するも、途中で飽きて、いつも続かない……
- 自分の貯金がない……
- 夫と別財布で家庭としての家計を把握できない
- お金はあればあるだけ使ってしまう

真琴さん宅の家計の現状

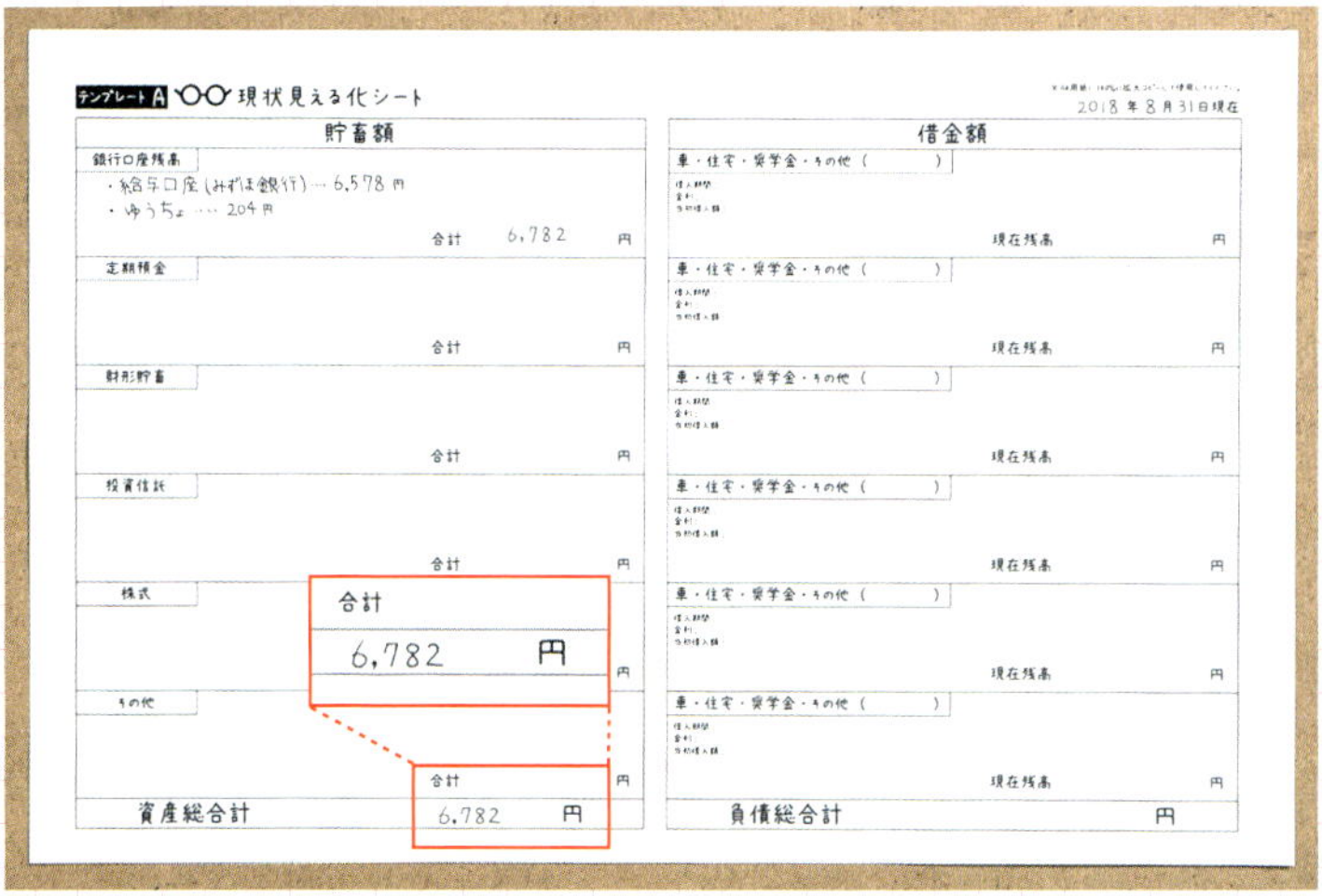
テンプレートA 現状見える化シート

2018年8月31日現在

貯蓄額

銀行口座残高
・給与口座（みずほ銀行）…6,578円
・ゆうちょ……204円
合計 6,782 円

定期預金
合計 円

財形貯蓄
合計 円

投資信託
合計 円

株式
円

その他
円

合計 6,782 円

資産総合計 6,782 円

借金額

車・住宅・奨学金・その他（ ）
現在残高 円

車・住宅・奨学金・その他（ ）
現在残高 円

車・住宅・奨学金・その他（ ）
現在残高 円

車・住宅・奨学金・その他（ ）
現在残高 円

車・住宅・奨学金・その他（ ）
現在残高 円

車・住宅・奨学金・その他（ ）
現在残高 円

負債総合計 円

※A4用

作成日

手取りが少ないので、
1年のイベント費は
ご主人担当に

ご主人の口座から
引き落としにして
0円に

1年のイベント

1月		2月			
・お年玉		分	円	・ひな祭	
・帰省		レンタイン	円	・卒園	
・新年会			円	・ホワイトデー	円
・初売り			円	・新生活	円
・成人の日			円	・送別会	円
・	円	・	円	・	円
・	円	・	円	・	円
・	円	・	円	・	円
・	円	・	円	・	円
合計	円	合計	円	合計	円
4月		5月		6月	
・入園・入学式	円	・ゴールデンウィーク	円	・衣替え	円
・お花見	円	・母の日	円	・結婚式シーズン	円
・歓迎会	円	・運動会	円	・父の日	円
・	円	・	円	・	円
・	円	・	円	・	円
・	円	・	円	・	円
・	円	・	円	・	円
・	円	・	円	・	円
・	円	・	円	・	円
合計	円	合計	円	合計	円
7月		8月		9月	
・七夕	円	・夏休み	円	・運動会	円
・夏休み	円	・土用の丑の日	円	・お月見	円
・花火大会・お祭り	円	・花火大会・お祭り	円	・敬老の日	円
・お中元	円	・お盆帰省	円	・シルバーウィーク	円
・	円	・	円	・	円
・	円	・	円	・	円
・	円	・	円	・	円
・	円	・	円	・	円
・	円	・	円	・	円
合計	円	合計	円	合計	円
10月		11月		12月	
・運動会	円	・七五三	円	・クリスマス	円
・衣替え	円	・結婚式シーズン	円	・お歳暮	円
・結婚式シーズン	円	・	円	・忘年会	円
・ハロウィン	円	・	円	・年末年始	円
・	円	・	円	・帰省	円
・	円	・	円	・	円
・	円	・	円	・	円
・	円	・	円	・	円
・	円	・	円	・	円
合計	円	合計	円	合計	円

● 真琴さんの予算立てシート

テンプレートC 予算立てシート ※1000円単位でざっくり多めに予想

毎月のお金の流れ	
月収（手取り）	90,000 円
−	
先取り貯金	~~0~~ 9,000円
−	
現金やりくり	67,000 円
−	
口座引き落とし	~~37,840~~ 13,790円
−	
積み立て	0 円
=	
自由に使えるお金	~~−14,840~~ 210円

↓

振り分け	
お小遣い	円
予備費	210円

1カ月の生活費	
現金やりくり	口座引き落とし
・やりくり費（食費・日用品・雑費）↳50,000円 ・自分の小遣い ↳7,000円 ・パルシステム（伝票払い）↳10,000円	・娘 学資 9,750円 ← ・娘 保育料 14,300円 ↓ 給与口座から引き落とし ・コープ共済保険料 6,790円 ・自分の携帯代 7,000円 ↓ ゆうちょから引き落とし
合計 67,000 円	合計 ~~37,840~~ 13,790円 円

積み立て
真琴さんの母親の実家がある秋田への帰省代50,000円は、臨時収入が入ったときなどに入れておけるよう、袋分け項目だけ作っておくのもおすすめです
合計 円

お金の移動計画

① 毎月25日頃までに袋分け用の現金 67,000円 下ろす

② 毎月25日までに「コープ共済保険料」「自分の携帯代」用に 14,000円を ゆうちょに 入金する

※A4用紙に140%に拡大コピーして使用してください。

6月	7月	8月	9月	10月	11月	12月
円	円	50,000円	50,000円	円	円	円
円	円	7,000円	7,000円	円	円	円
円	円	10,000円	10,000円	円	円	円
円	円	円	円	円	円	円
円	円	円	円	円	円	円
円	円	円	円	円	円	円
円	円	円	円	円	円	円
円	円	円	円	円	円	円
円	円	円	円	円	円	円
円	円	円	円	円	円	円
円	円	円	円	円	円	円
円	円	円	円	円	円	円
円	円	円	円	円	円	円
円	円	円	円	円	円	円

真琴さんの袋分け管理シート

テンプレートD ※毎月袋分けした時点の金額を記入

袋分け管理シート	前年 12月	2018年 1月	2月	3月	4月	5月
やりくり費 50,000円/月	円	円	円	円	円	
自分の小遣い費 7,000円/月	円	円	円	円	円	
パルシステム費 10,000円/月						
費 円/月						
費 円/月		円				
費 円/月		円	円	円	円	
費 円/月	円	円	円	円	円	
費 円/月	円	円	円	円	円	
費 円/月	円	円	円	円	円	
費 円/月	円	円	円	円	円	
費 円/月	円	円	円	円	円	
費 円/月	円	円	円	円	円	
費 円/月	円	円	円	円	円	
費 円/月	円	円	円	円	円	

秋田帰省費
来年8月までに
50,000円

特別費

子ども費

袋分けの項目だけ作っておき、節約に成功して余ったお金や、収入が多かったり、臨時収入が入ったりしたときのお金を入れるようにすると、忘れずに貯められます

アドバイス❸

夫婦で家計を共有しよう

夫婦で、「今度どこに旅行に行く?」などの楽しい話題は相談しやすいですが、赤字や節約の話になると、なかなか言い出しにくいですよね。そのまま放っておいて解決するならいいですが、現実は悪くなる一方です。

私も、最初は毎日頑張って書いた家計簿を見せていましたが、夫からすると、「いろいろ書いてあるけれど、どこを見ればいいの?結局何が言いたいの?」と分からなかったよう。私も収支を集計しただけで、考えがまとまっておらず、いつもケンカムードに……。

お互い疲れているし、小さな子どもの邪魔も入り、ゆっくり話している時間はありません。そこで、❶短時間で回数を多く、❷話し合う項目を絞り、❸数字で具体的に、❹相手に見せる資料を絞ることに決めました。見せる家計の資料は予算立てシートが大活躍!　問題になっている項目とそれに関連する具体的な数字が載った情報が一覧化されているので一目瞭然です。

お金の管理は一人で抱え込まないで、夫婦で気軽に話せる環境作っていくことがとても大切だと身に染みて感じています。話していくうちに、将来や教育費についての考え方や、浪費家だと思っていたのに、スマホ代の見直しではとても頼りになることも分かりました。ダメなところを指摘し合うのではなく、得意分野を補え合えば百人力ですよ!

家族円満のための家計相談の仕方

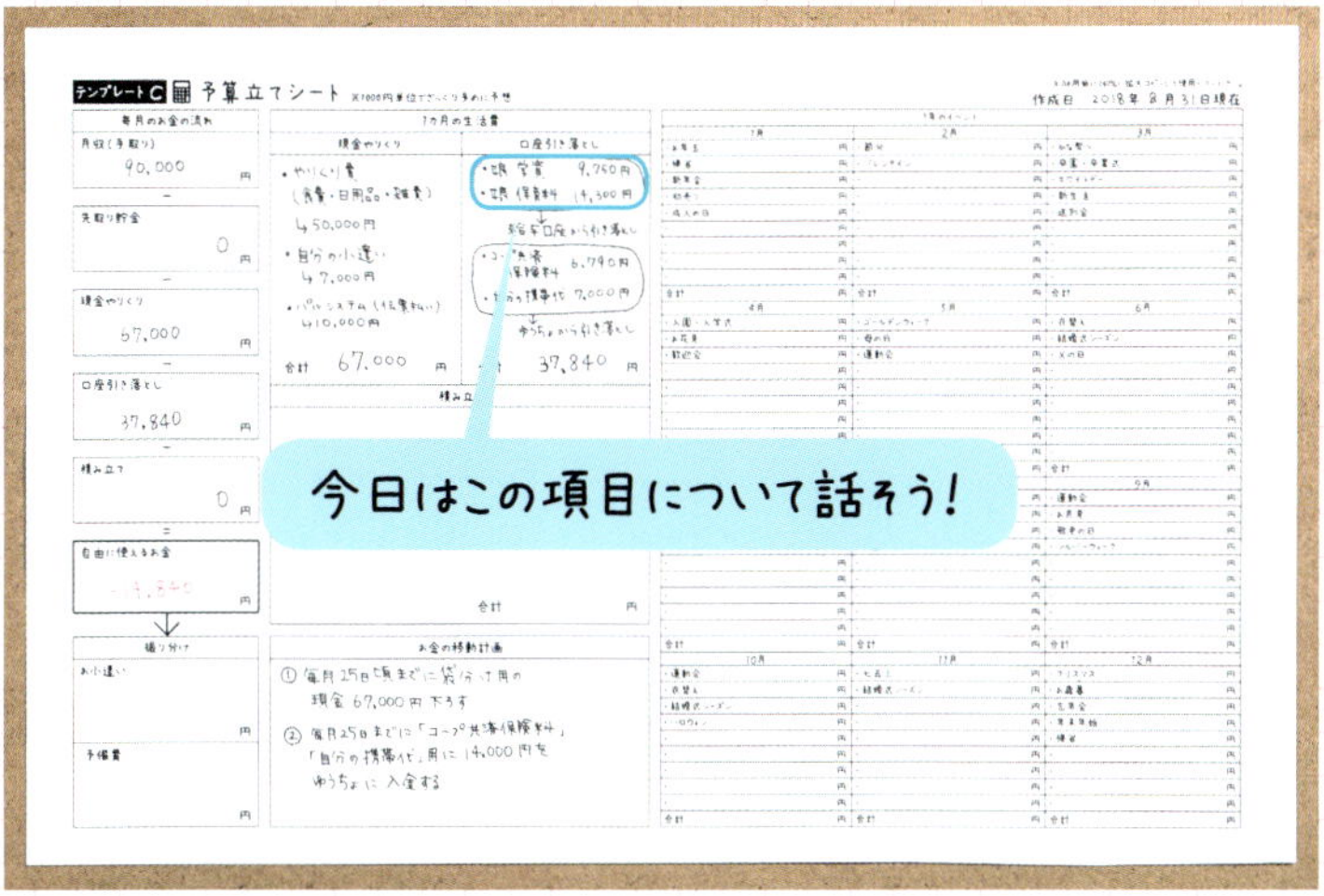

家計相談のポイント

Point

1. 時間は短く、回数を多く
2. 話し合う項目・テーマは1つに絞ること
3. 数字で具体的に見せる
4. 相手に見せる資料は厳選すること

日ごろから当たり前に家計のことについて
話せる環境にしておこう!

ケース３　真琴さん

１カ月やってみて

真琴さんの月収は９万~11万円と、毎月一定額ではないので、一番低い９万円で設定します。そうすることで、月収が11万円の月は、増えた分を貯金に回すことができます。

「今までは、自分の給料分のお金がなくなると、クレジットカード払いで買い物する状態でした。なので、貯金らしい貯金も今までできていませんでした。予算立てシートを書いてみて、頭では分かっていましたが、お金がなさすぎる！　と実感。あればあるだけ使ってしまうタイプなのもよく分かりました。

また、予算立てシートで予算や今後使えるお金の『可視化』することの大切さも感じました。あとは心に余裕をもって、今以上に先を見通し、『これ、今必要かな？』と常に考えられるようにしたいです」。

先月までのクレジットカード払いの支払いがあったため、９月は約２０００円弱の貯金額でしたが、続けていけば先取り貯金だけでなく、余った小銭分など、どんどん貯まっていきます。できれば、真琴さんだけの収入ではやりくりが難しいこと、子どもたちの学資は児童手当から払いたいことなどを早い段階でご主人と話し合われたほうが賢明です。

「今回で少し自信がついたので、今後は自分の収入だけでなく、世帯収入で管理をしていきたいです。そのためにも**この結果を夫に見せながら話し合いたいと思っています**」。

真琴さんの貯金結果は？

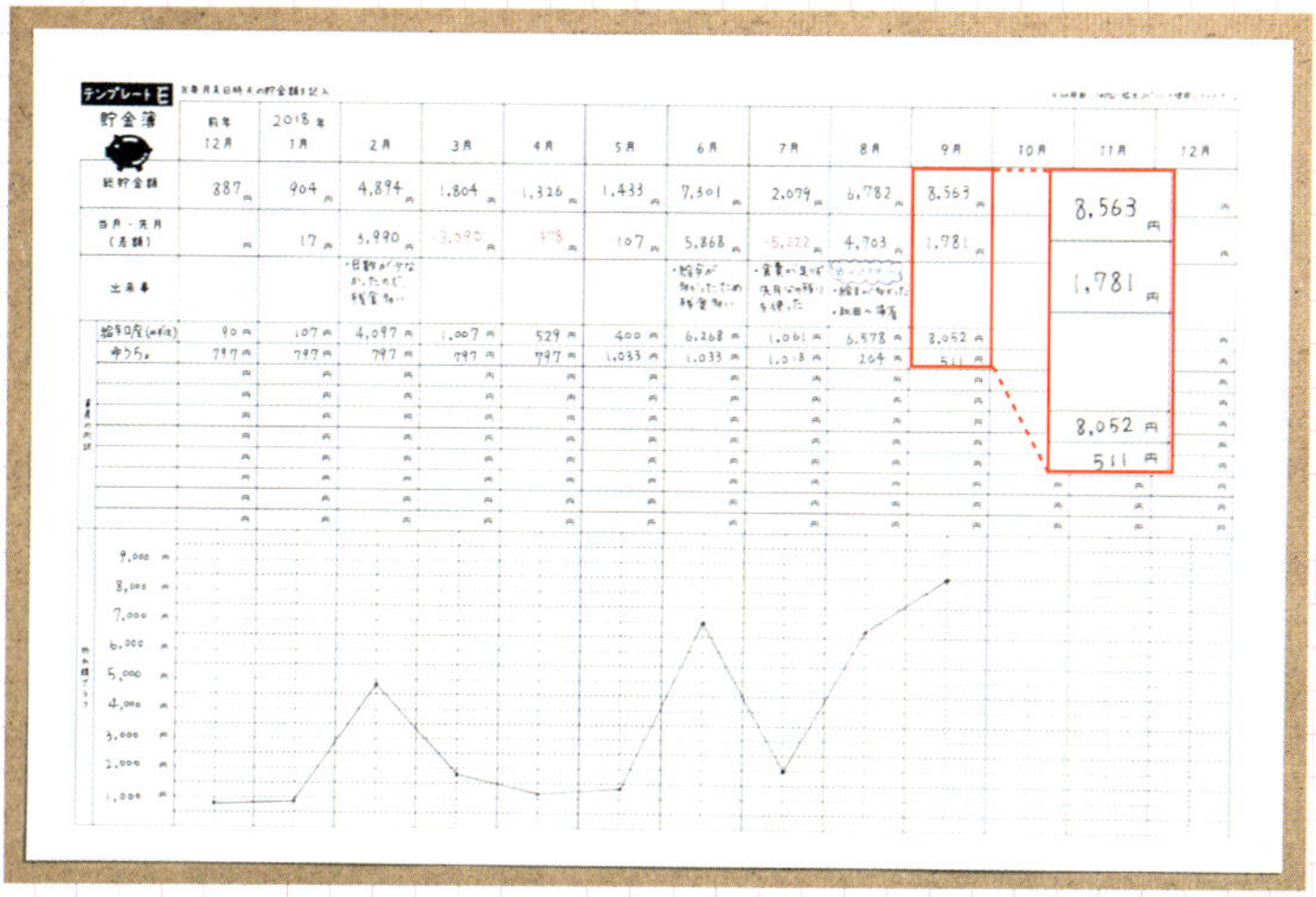

やってみてココが変わった！

- いかに予算が大切かが分かりました
- 情報をインプットするだけでなく、何がしたいか？何が欲しいかなどのアウトプットしていくことの大事さが分かりました
- 「使えるお金」の意識が変わってきた
- 書くものが少ないのでとてもいい！
- 家計管理について、少し自信がついてきた！

Column

思いつきは絶対NG！
投資をはじめるときの注意点とは？

主婦向け雑誌でも取り上げられるほど、近年、投資の話題は盛んです。株式投資や個人向け国債、投資信託、iDeCo（個人型確定拠出年金）など商品もさまざまあります。

うまくいけば利益が出ますが、儲かっても損をしても手数料や税金はかかるので、いきなり大金を投資するのは要注意です。思いつきではなく、「もしやるなら？」「どうしてそれなの？」と現実的に絞り込んでいきましょう！

私は家計が困ったときにすぐ現金化にできる、自宅近くにイオンがあるので株主優待をフル活用できる、スーパーだけでなくスマートフォンや銀行などさまざまなサービスを展開しているから倒産リスクは少ないだろう……などと考えてイオン株を購入しました。お金を増やす目的ではなく、株式優待目当てです。投資は金額が上下して当たり前、長期間掛け続けることが基本なので、貯金簿のグラフで一喜一憂してしまう方はよく考えましょう。

Part
4

素朴な疑問にお答えします！
Q&A集

Q 予算立てのときの「気持ちの割り切り方」を教えて！

「ほかの家庭より低収入なので、予算が赤字です」という声をいただくことがあります。お金がない、時間がない、自信がない、奨学金の返済がある、転勤族、学費がかかる子どもがいる、自営で収入が安定しないなど、家庭によっていろいろな事情がありますよね。

自分と似た環境の人の予算項目を参考にするのはいいですが、家計管理で大事なのは、ほかの家計と比べないことです。ほかの人の家計がどうであろうと自分には全く関係ありません。**家計管理の本質は「自分の収入の内訳・配分にこだわる」ことです！**

節約本を見ていると、スマホ代○○円、食費○○円などの基準額が、自分の生活には難しい場合も多いです。節約の定番「格安SIM」も、田舎でドコモ以外の電波が繋がらないような場合、意味がありません。

収入20万円で、どうしても削れない支出が25万円なら、どんな家計管理をしても必ず赤字です。ただ、

- 毎月いくら赤字になるのか。
- どの項目が原因で、期間限定のものならいつまでなのか。

これが先回りして分かっていれば、もうちょっと先の対策が見えてきます。「予算→結果」を見て、赤字に落ち込んで終わりではなく、「予算→結果→工夫」の「工夫」の部分に向かっていきましょう！

家計管理で大切な3つのポイント

Point 1 家計管理の根本的なスタンス

× ほかの人と比べる

○ 自分の収入の内訳・配分にこだわる

Point 2 家計の予算金額

× 誰かの基準に合わせる。固定しようとする

○ 予算は自分とともに変わっていくのが当たり前！

Point 3 予算がどうしてもオーバーするとき

× 自分はやりくり下手だと落ち込んで投げ出す

○ 努力できることはやる。結果より自分が成長することが大事！

いくらお金が貯まっても
自分を責める家計簿・家計管理は
百害あって一利なし！
やってきてよかったと思う家計管理が
あなたにとって唯一の正解♪

Q 予算項目は多いほうがいい？　少ないほうがいい？

予算立てをすると、予算立ての項目は多いほうがいいの？　という疑問が出てきます。

わが家のように低収入の場合は、細かく項目を分けて、こだわったほうがいいです。少ない大切なお金だからこそ、しっかり項目を立てて役割を決めたほうが必要なお金がしっかり準備できるからです。優先順位を把握するために思いつくかぎりの項目を作って、不便な項目はあとでまとめてしまえばOK。

家計に余裕がある場合は、ペースがずれてもそれ以上に振り分けられる金額も大きいので、ざっくり「予備費」で問題ありません。

わが家の場合、たくさんの予算項目がありますが、毎月積み立てできないものはしていません。今の収入の範囲内で優先順位が高いものから振り分けていきます。足りない場合はその分、貯金が減るだけ。その覚悟を袋分けなら先にしておくことができます。

ファイルに項目さえ作っておけば、毎月お金を振り分けられなくても、何にどのくらいお金が貯まっていて、あとどのくらいお金を用意したらいいか分かります。臨時収入が入ったときに、足りない項目にお金を入れるようにすれば振り分け先が明確なので、ムダ遣いもしなくなります。項目が多くても、袋分けなら管理できますし、毎月一定に入れられなくても、袋の中身を見れば残金が分かる袋分けを利用すると便利ですよ！

予算項目数のポイント

●予算項目を細かくしたほうがいい人は？

・**収入が少ない人**

▶家計簿を書くより、予算を細かく設定して、残高だけを意識する

・**家族が多い人**

▶家計簿を書くのが大変。予算を細かく決めて、使い道を考えておく

・**家計が赤字の人**

▶何に使ったかより、何に使うかが大事！

Point

●予算項目がざっくりでもいい人は？

・**毎月コンスタントに貯金できている人**

・**実家暮らしで独身の方**

▶予算項目が少ないほうが管理しやすい。週予算、予備費、特別費、引き落としがあるもの、あとは貯金でOK

ちなみにわが家の場合は……

①やりくり費（週予算）
②イベント・お祝い費
③町内会費
④車費（税金・車検・保険）積み立て
⑤固定資産税積み立て
⑥住民税積み立て
⑦子ども貯金×3人分
⑧予備費
⑨住宅修繕積み立て
⑩思い出費（写真の現像や動物園入園料など）
⑪旅行積み立て
⑫趣味（DIY）
⑬被服費
⑭医療費
⑮住宅ローンの繰り上げ返済積み立て
⑯保護者会費
⑰ブログ運営費
⑱コストコ年会費

Q ご褒美貯金ってしたほうがいいの？

老後資金や教育費などの重要な目的別貯金（長年使わないお金）は大切ですが、自分へのご褒美用のお金を積み立てるのもとても重要。特に次のような方におすすめです。

- 自分のためのお金はぜいたくや浪費のように感じてしまう人（特に美容費・被服費・趣味費・交際費など）。
- 貯金が減るのが怖い人。
- 節約疲れ防止の、プチご褒美・ミニボーナスとして活用したい人（旅行積立など）。

　家計に切羽詰まっている方ほど、少額のご褒美貯金は節約を続けるための、エンジンとなってくれます。ご褒美貯金をしておけば、いざお金を使うときも、「前々からこの日のために貯めてきた」という客観的な実績があるので、罪悪感なく使うことができます。

　お金にゆとりのある方、貯金が減っても割り切れる方は一切不要です。ただ、私は自分で作った「ディズニー旅行積み立て」に本当に救われました。わが家はお金がないから切り詰めなくちゃと思いながら節約するのと、ディズニーランドに早く行くために頑張ろうという気持ちで節約するのは、毎日の表情が全く違います。自分の中にある「お金を貯める動機」が不安から湧き出てくるものだけだと苦しすぎます。家計管理は、支払うべき税金や公共料金を払ったあとからが楽しいものと心得ましょう。

ご褒美貯金のすすめ

ご褒美貯金とは？

自分が欲しいものや大好きな旅行など、自分が好きなもののための予算項目を作り、お金を積み立てて貯めること。

こんな人に効果的！

・自分のためにお金を使うことに罪悪感がある人
・節約生活に疲れた人（疲れ防止のミニボーナスに）
・貯金が減るのが怖い人
・旅行に行っても支払いが気になって楽しめない人など

Point

やりくりが成功したら、
全部貯金ではなく、
自分や家族のために使っていい
項目があると罪悪感がない。
「前々から欲しくてコツコツ貯めてきた」
という目に見える実感があるので、
欲しいタイミングで迷いなく使える！

Q 学資保険は貯金に含めてもいいの？

学資保険や貯蓄型保険はあとで返ってくるお金ですが、家計簿上では出費になってしまいますよね。そんなときは、貯金簿の「総貯金額」の欄にしっかり入れておくと、金額が増えるのでやる気が上がります。

貯金簿の「資産の内訳」欄はとても万能で、私は預金以外にも、イオン株や小規模企業共済（自営業の保険商品）も書き込んで一覧化することで、資産全体を把握しています。

貯蓄型保険の記入ポイントは、払った金額の合計ではなく、その時点で解約した場合の金額、または満期の金額など「受け取り額」を記入すること。「いつ・いくら手元に戻ってくるのか」を書くことで、今だけでなく、未来（満期）の資産予想までできるようになります。

「資産の内訳」欄には、現金預金以外にも貯蓄型保険、株なども書いておくと資産が一覧になって分かりやすいですよ！

貯蓄型保険など現金でない資産を、貯金簿の「総貯金額」の欄にカウントしたくない場合は、それでもOKです。毎月カウントするならする、しないならしないと条件を統一すればどちらでも構いません。全部含めれば、総貯金額が増えるので貯金へのモチベーションが上がりますし、カウントしなくても内訳欄で一覧にしておけば分かりやすく、あれこれ書類を出して確認する必要もありません。

お金の移動計画を記入しよう！

総貯金額には、学資保険料を含めても含めなくてもOK。

- 含めると、金額が増えるのでやる気UPに！
- 含めないと、現金分の管理がラク！

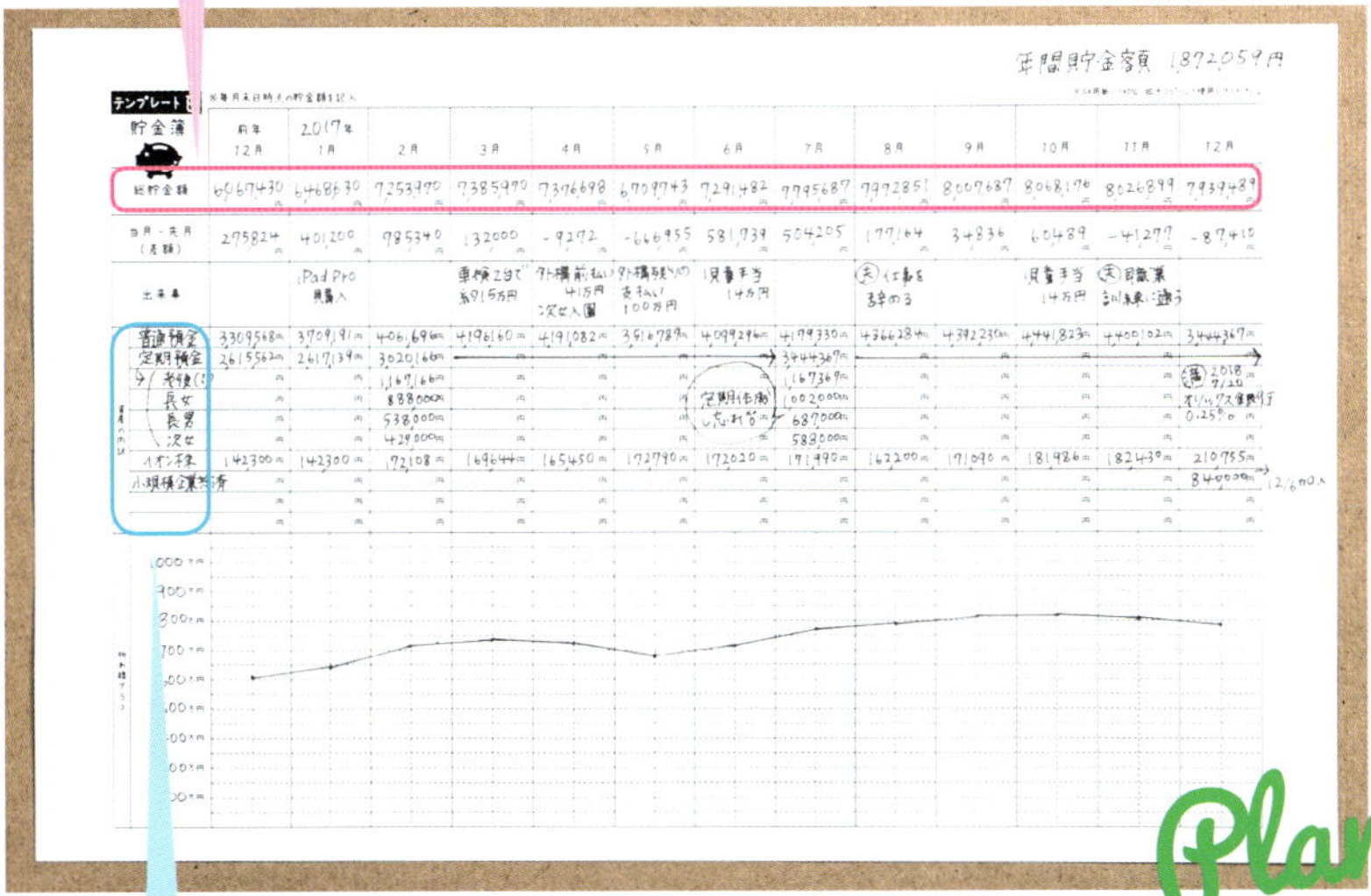

貯金簿	前年 12月	2017年 1月	2月	3月	4月	5月	6月	7月	8月	9月	10月	11月	12月
総貯金額	6,067,430	6,468,630	7,253,970	7,385,970	7,376,698	6,709,743	7,291,482	7,795,687	7,972,851	8,007,687	8,068,176	8,026,899	7,939,489
当月－先月（差額）	275824	401,200	785340	132000	-9272	-666955	581,739	504205	177,164	34836	60489	-41277	-87,410
出来事		iPad Pro購入		車検2台で約15万円	外構前払い41万円 次女入園	外構残りの支払い100万円	児童手当14万円		(夫)仕事を辞める		児童手当14万円	(夫)職業訓練に通う	
普通預金	3309568円	3709191円	4061696円	4196160円	4191082円	3516789円	4099296円	4179330円	4366284円	4392230円	4441823円	4400102円	3444367円
定期預金	2615562円	2617139円	3020166円	→			→	3444367円	→				→
老後(?)			1167166円				定期作成し忘れ分	1167369円					(満)2018 7/20
長女			888000円					1002000円					オリックス銀行
長男			538000円					687000円					0.25%
次女			429000円					588000円					
イオン株	142300円	142300円	172108円	169644円	165450円	172790円	172020円	171990円	162200円	171090円	181986円	182430円	210755円
小規模企業共済													840000円 → 12/6加入

Plan

資産の内訳の項目は、必ず現金である必要なし。
学資保険や株なども自分の資産なので書いておこう！
保険の場合、記入する金額ルールを統一すること。

- 今までにいくら払ったか把握したいとき
  - ▶自分が支払った額を書く
- 今いくら資産があるか把握したいとき
  - ▶今解約した場合に受け取れる金額を書く

Q 目的別貯金は細かくするべき？

避けようのない事故・災害・病気・故障などは、時期もかかる金額も分からず、その支払いは先延ばしにできないので大変です。

しかも、いつ起こるか分からない、金額があいまいなものに対して目的別貯金をしても「足りないかも!?」という不安は消えません。そんなときこそ、老後貯金などの目的貯金や1カ月の収支というぶつ切りで家計を見ないで、視野を広げて総貯金額の推移（貯金簿）という「お金の流れ」で家計を捉えましょう。

私は家計を貯金体質にするために、収入の理想の内訳は細かく考えますが、貯まったお金に関しては、教育費など年齢で予想できる貯金以外はある程度融通が利く状態にしておきます。というのも、予想外の支出があったときに臨機応変に対処するためです。

わが家の場合、定期預金の老後資金はよく見ると「（?）」と書いています。これは「余ったら老後に使おう」くらいに考え、使い道は左ページで紹介したようにさまざま。老後に100万円と利息だけでは不安では？と感じるかもしれませんが、子どもが働けるようになれば、子ども関連費が少なくなり貯金を加速できます。また、袋分けでストレスが溜まらない程度にゆるく節約意識を持ち、体力がなくなってもできる確実な収入アップについて学び続けることを考えているので、老後への不安はそんなにありません。

目的別貯金の考え方

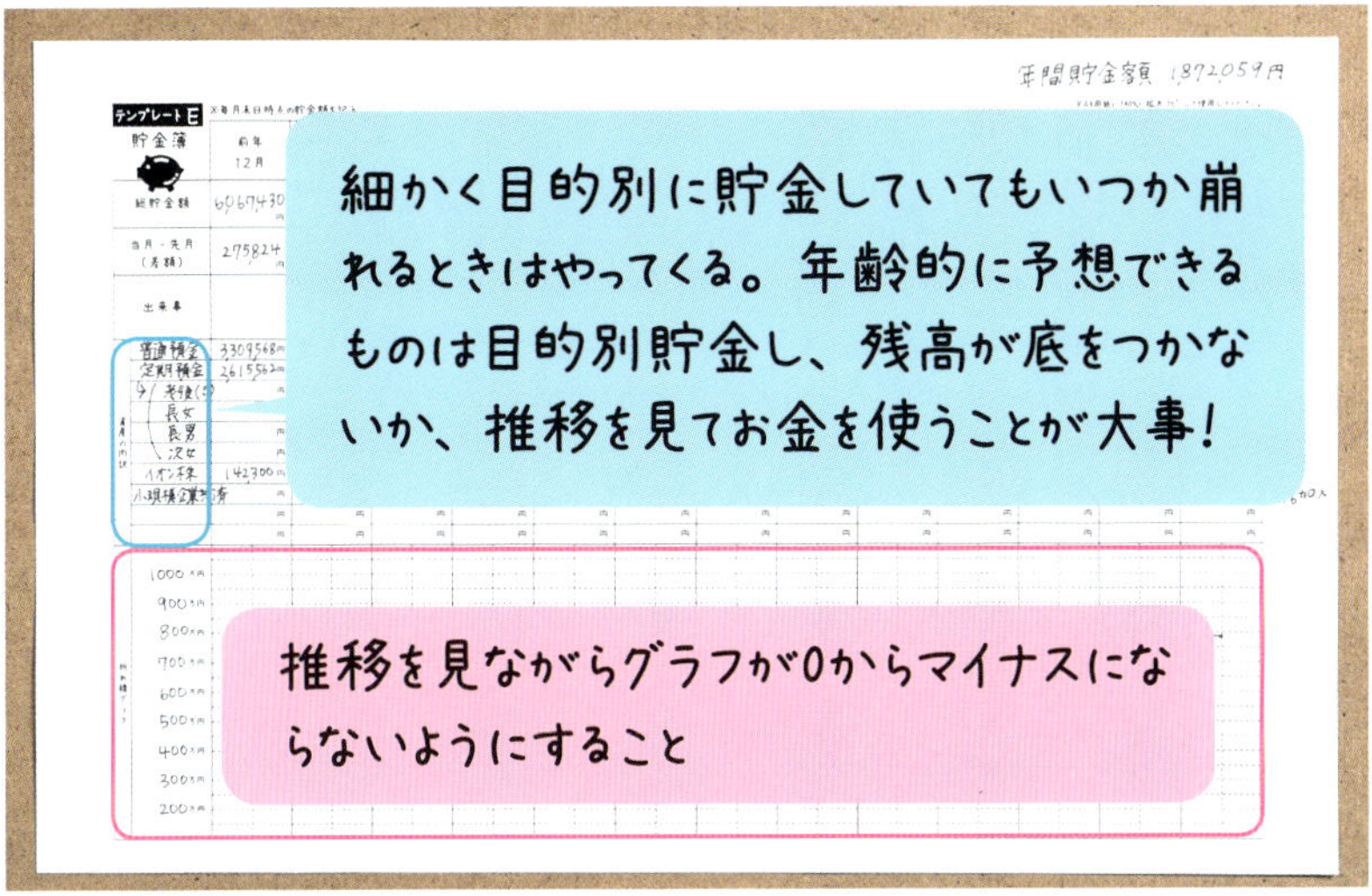
年間貯金額 1872059円
テンプレートE
貯金簿
細かく目的別に貯金していてもいつか崩れるときはやってくる。年齢的に予想できるものは目的別貯金し、残高が底をつかないか、推移を見てお金を使うことが大事！
推移を見ながらグラフが0からマイナスにならないようにすること

hana家の老後資金（100万円＋利息）の使い道

1. 子ども1人300万円を目標に貯金しているが、足りない場合はここから使う
2. 計画通りにお金が貯まらない時期があったら、このお金を優先的に使う
3. 子どもの結婚式や車購入のときに、ここから出してあげる
4. 家のリフォームが必要なときに使う
5. 家のローンの繰り上げ返済に使う
6. それでも余ったら老後の生活費の足しに使う（退職金がないため）

Q 月はじめからスタートするときの調整方法は？

「今までは給料日で管理していたけれど、1日はじまりにするにはどうやって切り替えたらいいの？」という質問をいただきます。

1日はじまりの切り替え方法は、

❶予算立てシートで月収の配分を決める。

❷次の月まで週予算を試し運転を開始。予算調整が必要そうなら変更する。

❸翌月1日から本格的にスタート。

という流れがスムーズです。

給料日から1日に変えるときは、翌月スタートと割り切り、残りの期間は予算計画に力を注ぎましょう。

家計を1日はじまりにすると、給料日が関係なくなるので、転職しても、収入源が増えても、結婚や離婚をしても、年金暮らしになっても、状況に関係なく同じように管理することができます。

また、前作で「給料日～月末までに、翌月分の袋分けファイル用のお金を引き出しておこう」と書きましたが、給料日が月の前半の方の場合、翌月までにかなり時間が空いてしまいます。そんな方は、慌てて翌月分の袋分けのお金を引き出さなくても大丈夫です。月の最後の1週間内を目安に翌月分を下ろしてくるようにしましょう。給料が振り込まれる月と、袋分け用に引き出す月を毎月同じにすると、貯金簿の条件がそろってやりくりのリズムが整います。

● 給料日→1日はじまりに変更する方法 ●

1. 予算立てシートで各項目を月額に変換。口座管理と現金管理に分け、管理場所を決める
2. 給料を振り分けができない最初の期間は、週予算（生活費）のみ試し運転を開始
3. 1日から先月分の給与を口座と袋分けに振り分け・記録のサイクルをスタート！

図で表すと……

最初の翌1日まで → 貯金から週予算のみ袋分けして運転開始

次の翌1日から → 先月分の給料から袋分け開始

Method

●給料日が月の前半という場合は？

日	月	火	水	木	金	土
1	2 例／給料日	3	4	5	6	7
8	10	11	12	13	14	15
15	16	17	18	19	20	21
22	23	24	25	26	27	28
29	30	31	1	2	3	4

【翌日の現金管理分を引き出す】
月の後半で統一すると
家計のリズムが整う

週予算スタート&
貯金簿に記入

なぜ貯金簿は月末の貯金額を書くの？

ｈａｎａ式で重要な４枚の家計管理シート（↓Ｐ７）の工夫は至るところにあります♪
例えば貯金簿では、**月末時点の総貯金額を書いていくと、昨年12月末～12月末までぴったり１年分の記録が書けます。**毎月１日時点の総貯金額では、12月２日～31日までの分が書けないことになるので月末時点の貯金額を書くようにしてくださいね（左の図参照）。

この貯金簿は、月末の総貯金額を翌月１日に書くようにおすすめしています。翌月１日に書くことで、

❶先月末の残高が確定しているので、あとからいちいち修正する必要がない。

❷１日は、家計管理のスタートとして覚えやすくふさわしい。

❸先月の結果を出してから、今月の週予算の１週目をスタートすると、反省をすぐ生かすことができる。

というメリットがあります。月末の貯金額が確定していれば、月末の夜に書いても構いません。集計結果を出した直後が、赤字でも黒字でも家計見直しの決断ができる瞬間なので、その勢いで家計を見直しましょう。**家計管理を単調な作業にしないで、毎月１日に貯金簿で気合いを入れ直してください。**お金を貯めるときは時間がかかりますが、使うときは一瞬。いかに貯めることに対して負担なく続けるかがカギですね！

月末の貯金額を書く理由

●月末時点の記録の場合

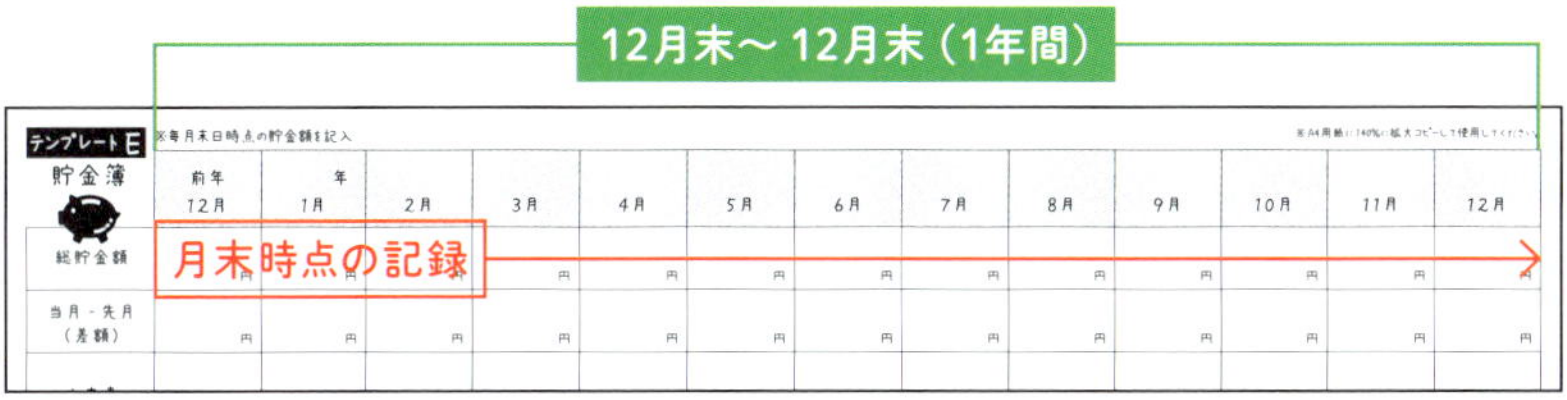

●1日時点の記録の場合

12月2～31日分が足りない！

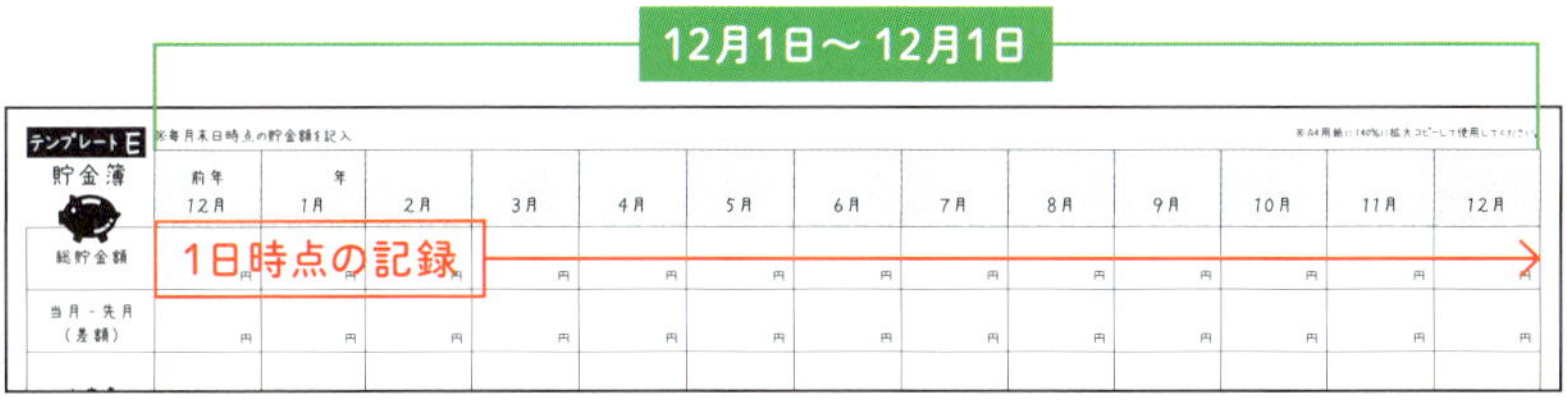

月末の総貯金額を翌月1日に書くワケは？

1. 月末の残高が確定しているから
2. スタート日としてふさわしいから

Reason

Q 袋分けの小銭の処理ってどうしてる？

私はずぼらですが、人一倍心配性です。はじめて袋分けをしたときは、細かく小銭まで管理していました。でも、細かく予算ごとに小銭を管理していると、次のような問題が次々と起こりました。

- 各項目の小銭の残高を把握するために、1つの項目が予算オーバーするごとにATMでお金を引き出すハメに。何度もATMに行きたくないから多めに引き出せば、それをメモするなど管理が面倒に。
- 一つ一つの袋が小銭でいっぱいになって、管理がややこしくなる。
- 使うときに小銭まで細かく分けて持ち歩かなくてはいけなくなる。

せっかく袋分けをはじめたのに、手間も管理の複雑さも毎日家計簿を書いていたころとあまり変わらないことに気がつきました。そこで、「収入ー支出の法則」にもう1度立ち返り、下ろした袋分け用のお金（変動費）以上使わなければ、先取り貯金は確実にできると小銭を細かく管理しないことにしました。**1週間の終わりに余った小銭を1カ所にまとめておき、1000円貯まったらご褒美積み立てへ入れるなどのルールを設けると、管理はラクに楽しさは2倍になります。**袋分けの場合、これくらいざっくりでも家計は回っていきますし、袋分け管理シートがあるので特別な出来事も記録できて安心です。

小銭の処理をどうするか？

週予算も医療費も
同じ財布にIN。
余った分は
週予算として使う
袋分けファイル
週予算
被服費
医療費
ご褒美積み立て
口座引き落とし
余った小銭は
1カ所にストック
1
一つの財布で
OK！
2
1週間経って、
余った小銭は
まとめておく
3
小銭が1,000円分
貯まったら、
ご褒美積み立てにIN

Q 転職時、収入が0になったらどう続けるの？

　次の転職先が決まっていないのに仕事を辞めた場合、失業手当をもらうまでに数か月かかることもあり、収入が0になりますよね。収入0円とまではいかなくても、育児休暇中や自営業などで収入が安定しないのはまれなことではありません。収入が不安定なときでも、袋分けファイル家計簿をしていると家計のピンチに強くなれます！

　予算管理で支出を洗い出していれば、節約できない支出（固定費）がいくらか分かります。また、袋分けで週予算を把握できていれば慌てて節約本を開いたり、必死に家計簿を書く必要がありません。実際にわが家は8カ月間夫が求職していました。収入が0円でも慌てないポイントは次の2点です。

❶袋分けは、週予算と予備費のみ継続して、先取り貯金と積み立ては停止する。

❷銀行口座に入金されなくなるので、残高不足に気をつける。

　収入0の場合、予算を振り分けられないので赤字は確定です。しかし、袋分けファイルを使えばいつも通りムダ遣いをしないように気をつけ、今まで貯めてきた積み立てを生活費として使うことで銀行口座の貯金をできるだけ切り崩さずに生活できます。通帳から勢いよく貯金額が減っていく様子は精神的につらいので、就職活動にしっかり力を入れるためにも家計で悩まない工夫をしましょう。

収入0の場合の対処法

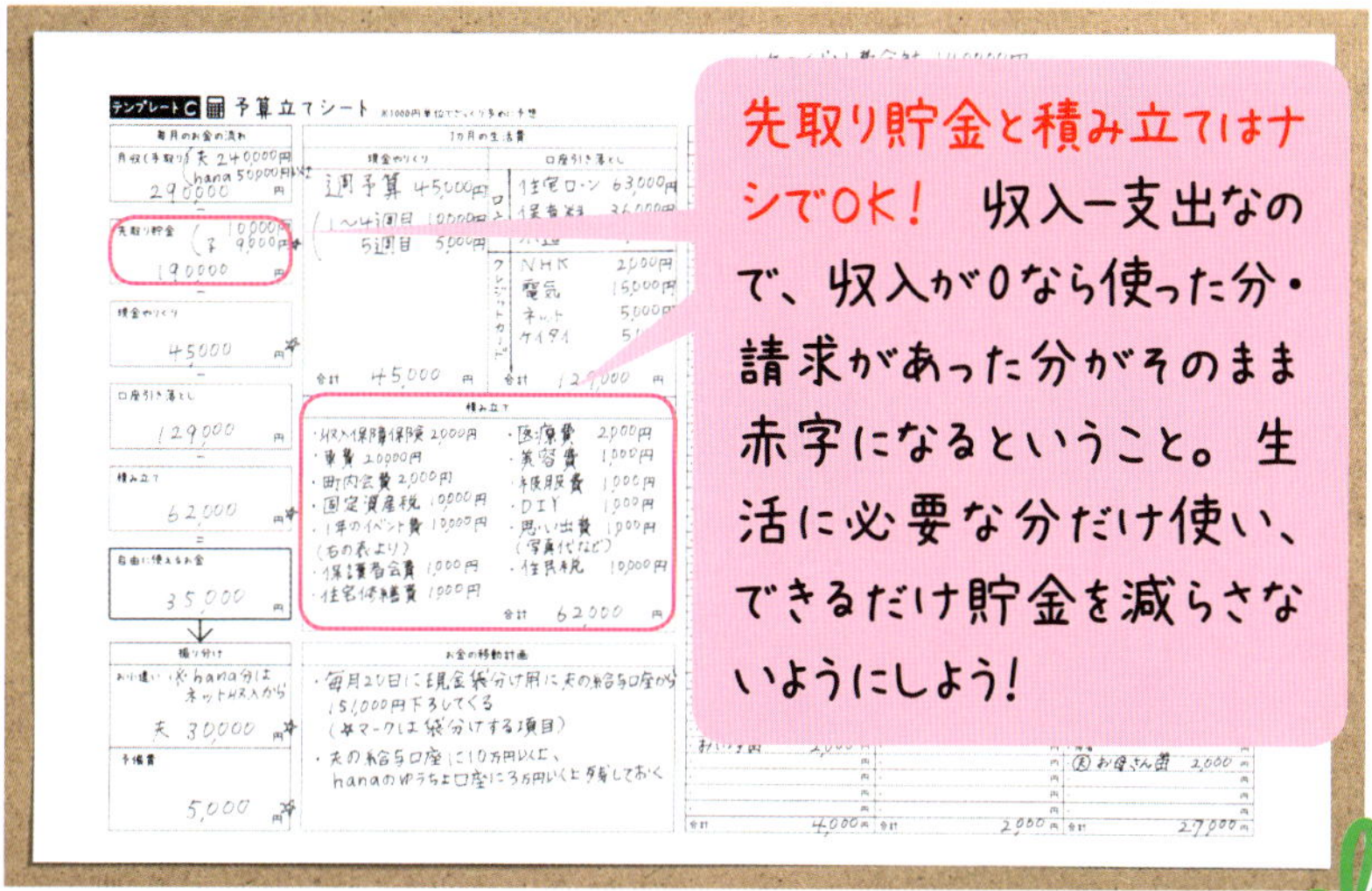

先取り貯金と積み立てはナシでOK！　収入ー支出なので、収入が0なら使った分・請求があった分がそのまま赤字になるということ。生活に必要な分だけ使い、できるだけ貯金を減らさないようにしよう！

Approach

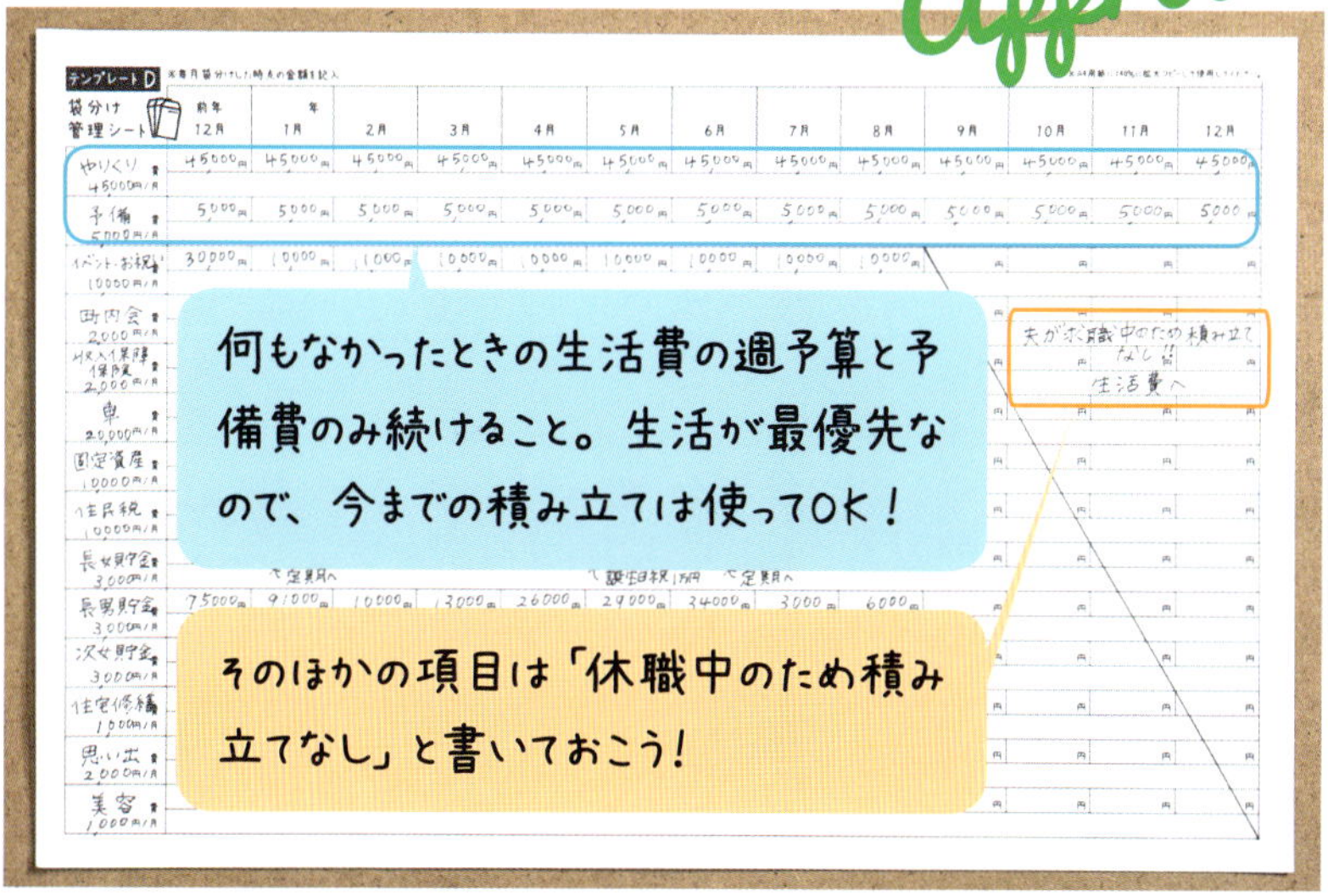

何もなかったときの生活費の週予算と予備費のみ続けること。生活が最優先なので、今までの積み立ては使ってOK！

そのほかの項目は「休職中のため積み立てなし」と書いておこう！

Q 特別費口座の上手な使い方とは？

前作で紹介した特別費（へそくり）口座は、上級者向けの管理方法です。予算が上手く回ってコンスタントに貯金できたらぜひ活用してください。そのメリットは次の3点です。

❶袋分けとは違い、銀行口座内で管理するので、セキュリティ的に安心して大きな金額を管理できます。

❷あらかじめ貯金とは別にしているので、使っても貯金額に影響なし（貯金用ではなくいざというときに使っていいお金です）。

❸総貯金額が大きくなりすぎないから、気が大きくならない。

作り方はカンタンで、何も引き落とし口座に指定していない口座を用意し、それを特別費口座として利用するだけ。入金した分増え、出金した分だけ減るため、シンプルな口座のでき上がりです。

予備費と特別費口座の役割は似ているようですが、袋分けファイルの予備費はやりくり費の一部として夫婦・家族で共有し、節約を意識します。**特別費口座は、もしものために貯金以外でまとまったお金を用意するためにプールしておく口座です。**

毎月の家計管理とは切り離した特別費口座なので、毎月いくら入金しなければいけないという決まりはありません。臨時収入やボーナスの一部など、用途が決まっていないお金からはじめてみましょう。

作っておくと便利な特別費口座

特別費口座は銀行口座と袋分けファイルのいいとこ取り！

	銀行口座	特別費口座	袋分け
管理方法	銀行口座		現金
総貯金額	含める	含めない	
対応シート	貯金簿	貯金簿・袋分け管理シート	袋分け管理シート

Point

1. 銀行口座内で管理するから大きな金額を管理できる（セキュリティ的に安心）
2. あらかじめ貯金（貯金簿の総貯金額）から引いているから、使っても貯金に影響なし
3. 貯金簿の総貯金額にはカウントしないから気が大きくなるのを防ぐ

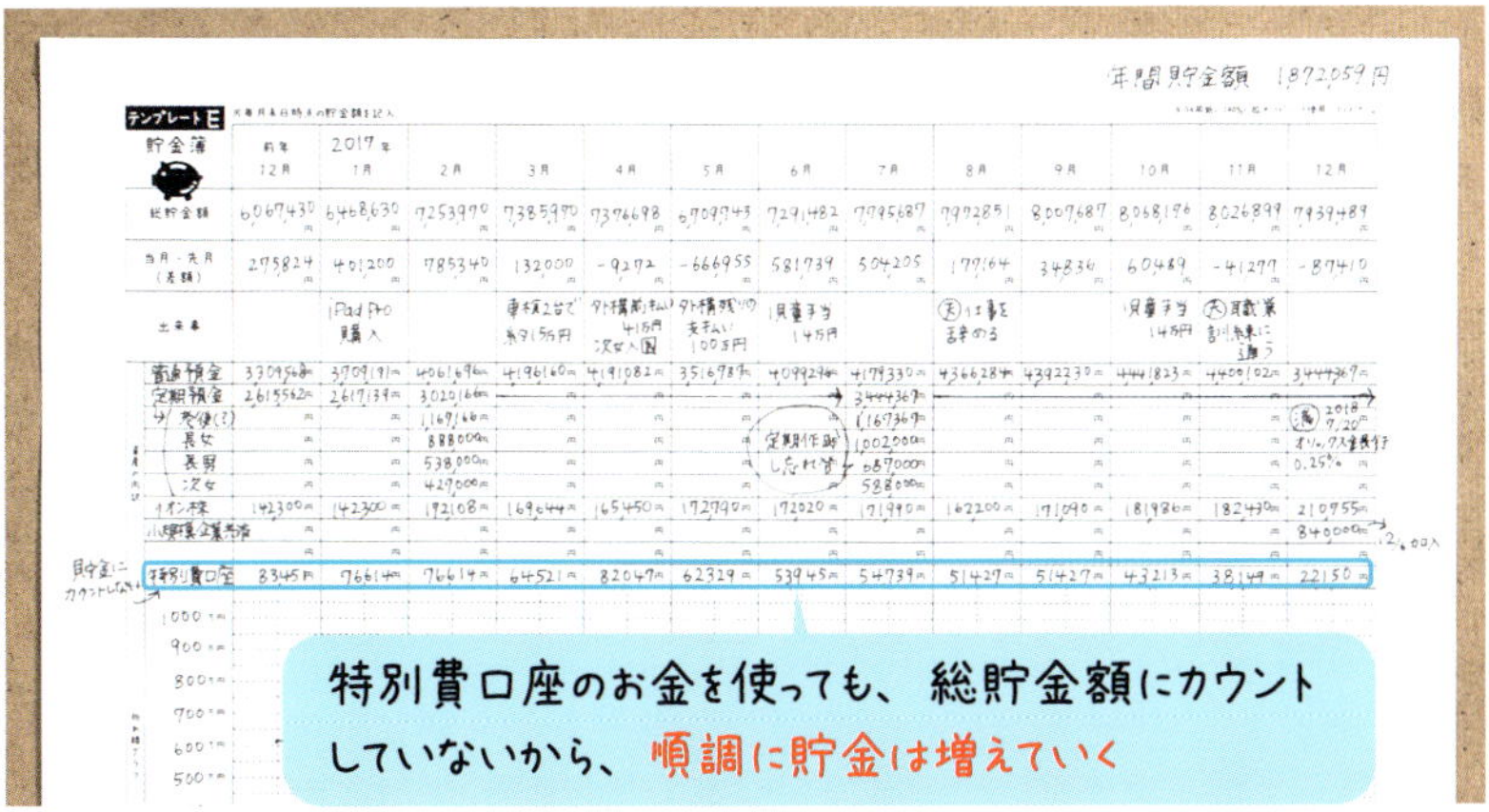

特別費口座のお金を使っても、総貯金額にカウントしていないから、順調に貯金は増えていく

Column

財布の中の整理にもなる
クレジットカードの見直し方

クレジットカードって種類もあって、結局どれを使えばお得なの？と分からなくて悩んでしまいますよね。クレジットカードの選び方ですが、個人的には年会費無料で、専用サイトなどでポイント交換手続きをしなくても１ポイントからすぐに使えるカードがおすすめです。

クレジットカードは１枚持つと、引き落とし口座・引き落とし日・ポイントの有効期限・ポイントが使える場所・専用サイトのＩＤやパスワードなどの細かい情報の管理が必要になるので、あまり多すぎると管理しきれなくなってしまいます。普段使いは２～３枚までに押さえておきましょう。生活費用と仕事用、メインで使うカードと特定のお店で使うサブカードなどで使い分けると便利ですよ。クレジットカード情報を一覧で管理できるシート（テンプレートＢの銀行口座・目的早わかりシート）が本書の巻末についているので、ぜひ一度見直してみてくださいね。

Part 5

拡大コピーして使おう！
hana式袋分けファイル家計簿テンプレート集

テンプレートA 現状見える化シート

※A4用紙に140%に拡大コピーして使用してください。

年　月　日現在

貯蓄額

銀行口座残高

合計　円

定期預金

合計　円

財形貯蓄

合計　円

投資信託

合計　円

株式

合計　円

その他

合計　円

資産総合計　円

借金額

車・住宅・奨学金・その他（　　　）

借入期間：
金利：
当初借入額：

現在残高　円

車・住宅・奨学金・その他（　　　）

借入期間：
金利：
当初借入額：

現在残高　円

車・住宅・奨学金・その他（　　　）

借入期間：
金利：
当初借入額：

現在残高　円

車・住宅・奨学金・その他（　　　）

借入期間：
金利：
当初借入額：

現在残高　円

車・住宅・奨学金・その他（　　　）

借入期間：
金利：
当初借入額：

現在残高　円

車・住宅・奨学金・その他（　　　）

借入期間：
金利：
当初借入額：

現在残高　円

負債総合計　円

テンプレートB 銀行口座・目的早分かりシート

※A4用紙に140%に拡大コピーして使用してください。

作成日　　　年　　月　　日現在

銀行

名義	銀行名	使用目的	支払い											入金・貯金								
														給与								

クレジットカード

名義	クレジットカード名	引き落とし日など	支払い																			

テンプレートC 予算立てシート

※1000円単位でざっくり多めに予想

※A4用紙に140%に拡大コピーして使用してください。

作成日　　年　　月　　日現在

毎月のお金の流れ

月収（手取り）　　円

－

先取り貯金　　円

－

現金やりくり　　円

－

口座引き落とし　　円

－

積み立て　　円

＝

自由に使えるお金　　円

↓

振り分け

お小遣い　　円

予備費　　円

1カ月の生活費

現金やりくり	口座引き落とし
合計　　円	合計　　円

積み立て

合計　　円

お金の移動計画

1年のイベント

1月		2月		3月	
・お年玉	円	・節分	円	・ひな祭り	円
・帰省	円	・バレンタイン	円	・卒園・卒業式	円
・新年会	円	・	円	・ホワイトデー	円
・初売り	円	・	円	・新生活	円
・成人の日	円	・	円	・送別会	円
・	円	・	円	・	円
・	円	・	円	・	円
・	円	・	円	・	円
・	円	・	円	・	円
合計	円	合計	円	合計	円
4月		**5月**		**6月**	
・入園・入学式	円	・ゴールデンウィーク	円	・衣替え	円
・お花見	円	・母の日	円	・結婚式シーズン	円
・歓迎会	円	・運動会	円	・父の日	円
・	円	・	円	・	円
・	円	・	円	・	円
・	円	・	円	・	円
・	円	・	円	・	円
・	円	・	円	・	円
・	円	・	円	・	円
合計	円	合計	円	合計	円
7月		**8月**		**9月**	
・七夕	円	・夏休み	円	・運動会	円
・夏休み	円	・土用の丑の日	円	・お月見	円
・花火大会・お祭り	円	・花火大会・お祭り	円	・敬老の日	円
・お中元	円	・お盆帰省	円	・シルバーウィーク	円
・	円	・	円	・	円
・	円	・	円	・	円
・	円	・	円	・	円
・	円	・	円	・	円
・	円	・	円	・	円
合計	円	合計	円	合計	円
10月		**11月**		**12月**	
・運動会	円	・七五三	円	・クリスマス	円
・衣替え	円	・結婚式シーズン	円	・お歳暮	円
・結婚式シーズン	円	・	円	・忘年会	円
・ハロウィン	円	・	円	・年末年始	円
・	円	・	円	・帰省	円
・	円	・	円	・	円
・	円	・	円	・	円
・	円	・	円	・	円
・	円	・	円	・	円
合計	円	合計	円	合計	円

テンプレートD ※毎月袋分けした時点の金額を記入

※A4用紙に140%に拡大コピーして使用してください。

袋分け管理シート

	前年 12月	年 1月	2月	3月	4月	5月	6月	7月	8月	9月	10月	11月	12月
費 円/月	円	円	円	円	円	円	円	円	円	円	円	円	円
費 円/月	円	円	円	円	円	円	円	円	円	円	円	円	円
費 円/月	円	円	円	円	円	円	円	円	円	円	円	円	円
費 円/月	円	円	円	円	円	円	円	円	円	円	円	円	円
費 円/月	円	円	円	円	円	円	円	円	円	円	円	円	円
費 円/月	円	円	円	円	円	円	円	円	円	円	円	円	円
費 円/月	円	円	円	円	円	円	円	円	円	円	円	円	円
費 円/月	円	円	円	円	円	円	円	円	円	円	円	円	円
費 円/月	円	円	円	円	円	円	円	円	円	円	円	円	円
費 円/月	円	円	円	円	円	円	円	円	円	円	円	円	円
費 円/月	円	円	円	円	円	円	円	円	円	円	円	円	円
費 円/月	円	円	円	円	円	円	円	円	円	円	円	円	円
費 円/月	円	円	円	円	円	円	円	円	円	円	円	円	円
費 円/月	円	円	円	円	円	円	円	円	円	円	円	円	円

テンプレートE

※毎月末日時点の貯金額を記入

※A4用紙に140%に拡大コピーして使用してください。

貯金簿

		前年 12月	年 1月	2月	3月	4月	5月	6月	7月	8月	9月	10月	11月	12月
総貯金額		円	円	円	円	円	円	円	円	円	円	円	円	円
当月－先月（差額）		円	円	円	円	円	円	円	円	円	円	円	円	円
出来事														
資産の内訳		円	円	円	円	円	円	円	円	円	円	円	円	円
		円	円	円	円	円	円	円	円	円	円	円	円	円
		円	円	円	円	円	円	円	円	円	円	円	円	円
		円	円	円	円	円	円	円	円	円	円	円	円	円
		円	円	円	円	円	円	円	円	円	円	円	円	円
		円	円	円	円	円	円	円	円	円	円	円	円	円
		円	円	円	円	円	円	円	円	円	円	円	円	円
		円	円	円	円	円	円	円	円	円	円	円	円	円
		円	円	円	円	円	円	円	円	円	円	円	円	円
		円	円	円	円	円	円	円	円	円	円	円	円	円
折れ線グラフ	万円													
	万円													
	万円													
	万円													
	万円													
	万円													
	万円													
	万円													
	万円													

テンプレートF

人生家計簿
（年単位）

※毎年12月末時点の貯金額を記入

※A4用紙に140%に拡大コピーして使用してください。

	年	年	年	年	年	年	年	年	年	年	年	年	年
家族の年齢▶													
総貯金額	円	円	円	円	円	円	円	円	円	円	円	円	円
当年－昨年（差額）	円	円	円	円	円	円	円	円	円	円	円	円	円
出来事													
資産の内訳	円	円	円	円	円	円	円	円	円	円	円	円	円
	円	円	円	円	円	円	円	円	円	円	円	円	円
	円	円	円	円	円	円	円	円	円	円	円	円	円
	円	円	円	円	円	円	円	円	円	円	円	円	円
	円	円	円	円	円	円	円	円	円	円	円	円	円
折れ線グラフ 万円													
万円													
万円													
万円													
万円													
万円													
万円													
万円													
万円													
ライフプラン													

おわりに

ここまでご覧いただき誠にありがとうございました！　たくさんの方に支えられ、家計で悩み苦しんだ日々さえ宝物に変わりました。こんなにすてきな本にまとめていただき夢のようです。

前回、出版させていただいてから約1年の間に、夫が転職活動で8カ月間収入が不安定な状況が続きました。収入は不安定でも基本の生活費は袋分けで分かっていたので、焦ることもなく、いつもどおり淡々と家計管理をすることができ、改めてこの袋分けファイル家計簿を続けて来てよかったと感じました。

今回、ご協力いただいたモニターさんは、私の家計管理方法をやっていないという3名にゼロからご協力いただきました。ファイルの用意や予算立てなど大変だったかと思いますが、家族でもなかなか言えない家計のことに関わらせていただけて光栄でした。３名の予算立てシートを見ても分かりますが、１００人いたら１００人違った予算ができ上がります。誰一人としてまったく同じ環境の人はいないし、幸せの形は人それぞれ。年収いくらだったら食費はこれくらい・子どもは何人・保険はこれくらいなど、誰かが決めた基準ではなく、自分にちょうどいい予算を目指してください。

予算や袋分けである程度、家計が逆算できると体感したら、もっともっと家計を楽観的に考えられるようになります。人生1度きりですから、やりたいことをどんどん袋分け項目にリストアップして、少しでも早く、一つでも多く夢を叶えてくださいね。

２０１８年10月吉日

hana

hana

夫（現在は正社員）・子ども（6・4・2歳）の５人暮らし。以前、契約社員で低収入の彼との結婚を親に反対され、毎日必死に家計簿をつけて節約生活をはじめるも、結果は「微増」。ちまちま家計簿をつけるのは私の性格に合わない！　と、自己流で袋分けファイル家計簿をはじめたところ、１年目で約52万円の貯金に成功。現在５年目で総貯金額は831万円に。「家計簿＝楽しい」「こんな私でもできたよ」と伝えるために自身の家計管理方法をブログ『ずぼら主婦節約.com』（https://zuborasyuhu.com）で公開したところ、多くの主婦から支持を集める人気ブログへ。近著に『ずぼら主婦でもお金が貯まる！hana式袋分けファイル家計簿』がある。

STAFF

ブックデザイン	大森由美（ニコ）
構成・編集協力	手塚 よしこ（ポンプラボ）
イラスト	オブチミホ
写真	魚住貴弘
編集	滝川 昂（株式会社カンゼン）

hana式袋分けファイル家計簿実践編

ずぼら主婦でもカンタン！
毎月+１万円貯まる家計術

発行日	2018年11月27日　初版
著者	hana
発行人	坪井義哉
発行所	株式会社カンゼン 〒101-0021 東京都千代田区外神田2-7-1 開花ビル TEL:03(5295)7723　FAX:03(5295)7725
郵便振替	00150-7-130339
印刷・製本	株式会社シナノ

万一、落丁、乱丁などがありましたら、お取り替え致します。

ISBN 978-4-86255-485-7
Printed in Japan
定価はカバーに表示してあります。
ご意見、ご感想に関しましては、kanso@kanzen.jpまでEメールにてお寄せ下さい。お待ちしております。